Contents

解答解説　別冊

リスニング音声は英俊社ウェブサイト「**リスもん**」から再生できます。

再生の際は右のコードを入力してください。　23947685

スマホは
こちら　https://book.eisyun.jp/products/listening/index/

は　し　が　き

この本のねらい

　　大阪府公立高等学校の一般入学者選抜では，英語・数学・国語について，Ａ・Ｂ・Ｃの３種類の学力検査問題が作成されています。本書はその中の，英語Ｂ問題の対策問題集です。

　　会話文・長文総合・英作文・リスニングの形式ごとに，英語Ｂ問題の対策となる問題を数多く収録しています。さまざまな入試対策問題集がありますが，特定の入試問題に特化したものはあまりありません。そういった中で，本書は英語Ｂ問題の対策に最も適している教材だと言うことができるでしょう。

　　また，入試本番の試験形式の演習として，「大阪府公立高等学校 一般 予想テスト」が英俊社から秋に発行されます。「予想テスト」は試験直前の対策として，そして本書はそれに向かう準備として理想的な教材です。本書と予想テストを合わせて使用することで，英語Ｂ問題への対策はより万全なものになります。

　　皆さんが希望する進路を実現するためには，実際の入試を想定した十分な準備と対策が重要です。本書がその助けとなることを期待しております。

この本の特長

◆豊富な問題数を収録。十分な量の練習が可能

　　会話文・長文総合・英作文・リスニングのそれぞれに数多くの問題を準備しており，その全てが英語Ｂ問題の対策になります。これらの問題を解くことで，実際の入試に向けた理想的な準備ができるでしょう。また，繰り返し解くことで，効果がさらに上がる内容になっています。

◆ポイントをおさえた解説・理解しやすい全訳

　　別冊では，解答だけでなく，ポイントをおさえたわかりやすい解説，全ての会話文・長文・リスニングの全訳を掲載しています。問題を解いたあと，これらを使用して理解を深め，苦手分野の克服を目指しましょう。

◆リスニング問題はスクリプトも掲載

　　リスニング問題の解説では，スクリプト（放送されている英文）も掲載しています。復習としてスクリプトを見ながら音声を聞くことも，１つの効果的な学習法です。

◆頻出英文法を総復習

　　Chapter 5の文法では，英俊社が独自に行った分析を基に，英語Ｂ問題でよく出題されている文法を単元ごとに取り上げています。これらに取り組むことで，文法問題だけでなく他の形式の問題（会話文・長文総合・英作文・リスニング）での正答率アップにもつながります。

会話文・長文総合で取り扱っている英文テーマ

近年の入試でよく取り扱われるテーマの英文を収録しました。こういった英文を読んだことがあるかどうかは，本番の入試で同じようなテーマが出題されたときの理解の差につながるでしょう。

	Chapter 1　　会話文		Chapter 2　　長文総合
1	異文化理解	1	地球の気候
2	異文化体験・コミュニケーション	2	国際宇宙ステーション
3	自文化（日本文化）	3	チョコレートの歴史
4	メディア・情報	4	動物の絶滅危惧とその原因
5	読書の利点	5	環境（水の重要性）
6	エッセイの書き方	6	言語学習（英語と日本語の違い）
7	言語間の違い	7	宇宙開発
8	脳科学	8	熱帯雨林
9	留学生へのインタビュー	9	アリの生態
10	介助犬	10	太陽光発電

Chapter 5　文法で取り扱っている単元

過去数年間の英語B問題を対象に，設問だけでなく，会話文・長文総合の本文も含め，独自の調査を行いました。その結果，出題される回数の多かった文法項目を取り扱っています。

これらの単元の文法問題を解き，理解を深めることは，あなたの基礎的な英語力を向上させるとともに，入試での得点率アップのカギとなるでしょう。

不定詞　　関係代名詞　　受動態　　助動詞　　現在完了

いろいろな疑問文　　分詞　　文型　　仮定法　　動名詞　　比較

Chapter 1 　会話文

1　次は，日本のある家庭で，海外からの留学生ダニエルが，ホストファミリーのお母さんとその娘のマイと話をしている会話です。会話文を読んで，あとの問いに答えなさい。

Mother：How was school today, Daniel?

Daniel：It was fun. Oh, well... my classmate Makoto will invite me to a *"takoage* party" this weekend. What's *"takoage"*?

Mai　：No.. No... It's not *"takoage"*. Makoto said *"takoyaki* party".

Mother：*"Tako"* is "octopus", *"yaki"* means "to bake" in English. It is like a golf ball, and there is a piece of octopus in it. And we eat it with *"Takoyaki" sauce*. Everyone enjoys cooking it together. It's our favorite.

Daniel：Do you really eat octopus? In our country, we have never 　①　 any octopus, because it is called a devil fish.

Mai　：Why do you call Ⓐit a devil fish?

Daniel：In our religion, we must not eat any seafood without scales or fins.

Mai　：Is that so? Now I understand why you can't eat octopus.

Daniel：Maybe I can't go to the party.

Mai　：Don't worry. When we cook *takoyaki* at home, we can put *kimuchi*, cheese, corn, beef, chicken...

Mother：Shrimps are also good.

Daniel：But we cannot eat shrimps, either, because Ⓑthey do not have Ⓒthem.

Mother：Oh, why don't you go to the supermarket with Makoto? You can choose your favorite.

Daniel：I'll think about that. Well..., is there any food you must not eat in your country?

Mother：Let me see... now we can eat almost anything in Japan. Many years ago, Buddhists didn't eat any meat. Today, if you stay at a temple, they prepare *"shojin-ryori"*. It is food with vegetables and beans only.

Mai　：We ate *"shojin-ryori"* on our school trip to Kyoto.

Daniel：How was it?

Mai　：Not so bad. We had *tofu* instead of beef. Do you know *"tofu"*?

Daniel：Of course, last week your mother cooked *tofu* for dinner. It was white and soft, wasn't it?

Mai　：Yes, it was. Do you have *tofu* in your country?

Daniel：Yes, we have. We can buy it in some supermarkets near my house. But it is 　②　 than in Japan. Vegetarians love it instead of meat.

Mother：　Me too. These days many Japanese often eat *tofu* for our health. *Washoku*　③

　　　　　with *tofu* is popular such as "*tofu-hamburger*". It's delicious.

Daniel：　I'd like to try it. Let's put *tofu* in the *takoyaki* this weekend.

Mai　　：　Are you kidding? *Tofu* is too soft!

　　（注）　devil　悪魔　　religion　宗教　　scale　鱗<ruby>鱗<rt>うろこ</rt></ruby>　　fin　ヒレ　　shrimp　エビ

　　　　　　Buddhist　仏教徒　　vegetarian　菜食主義者（ベジタリアン）

(1)　本文の内容から考えて，次のうち，本文中の　①　～　③　に入れるのに最も適しているも
　　のはどれですか。それぞれ一つ選び，記号で答えなさい。①（　　　）②（　　　）③（　　　）
　　①　ア　eat　　イ　ate　　ウ　eaten　　エ　eating
　　②　ア　as expensive　　イ　expensive as　　ウ　more expensive　　エ　most expensive
　　③　ア　make　　イ　made　　ウ　to make　　エ　making

(2)　本文中の(A)<u>it</u>と(B)<u>they</u>の表している内容に当たるものとして最も適している**英語1語**を，それ
　　ぞれ本文中から抜き出して書きなさい。(A)（　　　）　(B)（　　　）

(3)　本文中の(C)<u>them</u>の表している内容に当たるものとして最も適しているひとつづきの**英語3語**
　　を，本文中から抜き出して書きなさい。（　　　　　　　　　　）

(4)　次のうち，本文で述べられている内容と合うものはどれですか。二つ選び，記号で答えなさい。
　　　　　　　　　　　　　　　　　　　　　　　　　　　　　　（　　　）（　　　）
　　ア　*Takoyaki* party will be held this weekend.
　　イ　In Daniel's country, people must not eat any seafood.
　　ウ　Long time ago, there was a food which some Japanese people must not eat.
　　エ　Daniel's country import *tofu* from Mai's country.
　　オ　Mai wants to eat *takoyaki* which has *tofu* in it.

(5)　本文の内容と合うように，次の問いに対する答えを英語で書きなさい。
　　①　What is the shape of *takoyaki*?
　　　　（　　　　　　　　　　　　　　　　　　　　　　　　　）
　　②　Where can Daniel get *tofu* in his country?
　　　　（　　　　　　　　　　　　　　　　　　　　　　　　　）
　　③　What is Daniel going to put in his *takoyaki*?
　　　　（　　　　　　　　　　　　　　　　　　　　　　　　　）

2 高校生のしずかさん，あつしさんが，ALT（外国語指導助手）のウィルソン先生と話をしています。次の英文を読んで，あとの問いに答えなさい。 （兵庫県）

Atsushi : Hello, Mr. Wilson. What are you looking at?

Mr. Wilson : Hi, Atsushi. Shizuka is showing me some pictures of her stay in *the Philippines.

Atsushi : The Philippines? Why did you go there, Shizuka?

Shizuka : I went to help people who were building a school. A few years ago, a big *typhoon *destroyed a lot of houses and schools there. I worked for two weeks as a volunteer with people from different countries. Look at this picture. I'm *painting the school building.

Atsushi : Oh, it's you. Did you enjoy it?

Shizuka : Yes, but I had a problem for the first few days. It was difficult to *communicate with the other volunteers. They spoke different kinds of English. ［ ア ］ Their English didn't *sound like the English we're learning in school.

Mr. Wilson : There are many English *accents around the world. Some of them are difficult even for me.

Atsushi : Really? I didn't know that.

Shizuka : They also spoke very fast. I couldn't talk with anyone. ［ イ ］

Atsushi : I understand how you felt. What did you do?

Shizuka : Well, I found a guitar in the music room and played it. Then the other people came around me and they started to sing some songs like this.

Atsushi : Oh, I see. ［   ］

Shizuka : Yes. I was very happy to be able to join them. After that, I tried to talk to them. When I couldn't understand something they said, I asked them to *repeat it. I thought I should not be *shy or afraid of *making mistakes. ［ ウ ］

Mr. Wilson : That's good. Did you learn anything from the other volunteers?

Shizuka : They thought about what they could do for the world. Also, everyone thought about his or her future. ［ エ ］ Working with them gave me a good chance to think about mine.

Mr. Wilson : In my country, many people go abroad for one year as volunteers before going to university. I was one of them. I went to India to teach soccer to children. Oh, I have a picture of it. Look.

Atsushi : Oh, they look very happy with you.

Mr. Wilson : Yes. It was a good experience. I think it's good for young people to go abroad.

Shizuka : I (   ) with you because I also learned a lot from my experience. I want to stay longer next time. Before that, I want to learn something which I can use to help people. I'm thinking about becoming a nurse. Atsushi, are you also interested in going abroad?

Atsushi : Well, I can't go now, but I'll think about it when I become a university student.

（注）the Philippines　フィリピン　　typhoon　台風　　destroy　破壊する　　paint　ペンキを塗る

communicate　意思を伝え合う　　sound　聞こえる　　accent(s)　特有の話し方

repeat　繰り返す　　shy　恥ずかしがりの　　make mistake(s)　間違える

(1)　会話の中で<u>話題となっていない</u>写真を，次のア〜エから1つ選んで，その符号を書きなさい。

（　　　）

(2)　次の英文は，文中の　ア　〜　エ　のいずれかに入ります。適切な場所を1つ選んで，その符号を書きなさい。（　　　）

So I thought I should do something to change that situation.

(3)　文中の　　　　　に入る適切なものを，次のア〜エから1つ選んで，その符号を書きなさい。

（　　　）

ア　You can enjoy music without language.

イ　You need language to talk about music.

ウ　You should learn a language without music.

エ　Learning a language is like making music.

(4)　下線部に関して，（　　）に適切な英語1語を入れて英文を完成させなさい。（　　　）

(5)　本文の内容に合うように，次の質問に対する答えを，（　　）に本文中の英語1語を入れて完成させなさい。（　　　）

Question：Why does Shizuka think that working with the other volunteers was good for her?

Answer　：Because she could think about her（　　）.

(6)　本文の内容に合うものを，次のア〜エから1つ選んで，その符号を書きなさい。（　　　）

ア　Shizuka visited the Philippines to study English at a language school.

イ　Shizuka could not communicate with the other volunteers because they did not speak English.

ウ　Mr. Wilson went to India and taught soccer to children when he was a university student.

エ　Shizuka wants to learn something useful to help people before going abroad again.

3 次は，ケイト（Kate）と友人のジェイソン（Jason）が話している会話です。会話文を読んで，あとの問いに答えなさい。

Jason ： Hi, Kate. I heard you traveled to Japan. Did you have a good stay there?

Kate ： Yes, it was great! We watched sumo matches.

Jason ： Sumo? Sounds wonderful!

Kate ： Have you seen sumo?

Jason ： No, so I know very little about it. All I know is that sumo is one of Japan's traditional sports and the matches are played by two heavy-set wrestlers. Am I right?

Kate ： Yes, that's the basic idea. [_____①_____]

Jason ： Oh, tell me.

Kate ： Well, sumo has traditional Japanese rituals with a long history. I think you will understand better if I show you some photos. Look, I took Ⓐthese at the stadium.

Jason ： Wow, so large audience!

Kate ： That's right. Audience sits all around the ring and look down. I felt really excited when I entered.

Jason ： There are many sumo wrestlers on the ring and they are not wrestling... What are they doing?

Kate ： They are doing some rituals before the match. First, the wrestlers, or *rikishi* in Japanese, walk into the ring. They stand around the circle, and then senior wrestlers enter the ring and perform a short ceremony.

Jason ： What are they wearing?

Kate ： They are wearing silk aprons called *Kesho-mawashi*. ⒷThey are given by their supporters.

Jason ： They look gorgeous.

Kate ： Yes, they do. They also have rituals at the match. First, they rinse their mouth, and wipe themselves with a towel. Next, they throw salt into the ring as you see in this picture. This means to purify the ring and protect them from injury.

Jason ： Oh, I see.

Kate ： Then they do a series of movements — swaying from side to side, stamping their feet etc., before taking their places in the middle of the ring. They crouch down. They look at each other for a moment, stand up, stretch, crouch down again, stand back up, and go back to their corner. Wipe themselves off again, throw the salt again, crouch back. It [_____②_____] they start the match. But this process is important because they believe these movements will take all the evils away out of the ring. On the other hand, matches are over in a few seconds or in a few minutes.

Jason ： Interesting! [_____③_____]

Kate ： To win the match, one *rikishi* has to either push the other out of the ring or knock him down inside the ring. If a *rikishi* touches the ground other than his feet, he loses.

Even if it's just his hair touching the ground.

Jason ： It sounds like sumo has so many differences from Western style of wrestling.

Kate ： Yes, and if you know the background of sumo, you will enjoy it more.

Jason ： I would love to watch sumo myself!

(注)　heavy-set　体格の大きい　　wrestler　レスラー，力士　　ritual　儀礼　　ring　土俵

wrestle　（相撲・レスリングなどで）戦う　　senior　格上の　　silk　絹の　　gorgeous　豪華に

rinse　ゆすぐ　　purify　清める　　injury　けが　　a series of ～　一連の～

sway　ゆする　　stamp　踏みつける　　crouch　かがむ　　process　過程　　evil　悪

knock ～ down　～を倒す　　other than ～　～以外で　　background　背景

(1)　本文中の［　①　］が，「でも，私は試合を見ることによって相撲についてたくさんのこと
を学びました。」という内容になるように，次の〔　　〕内の語を並べかえて解答欄の＿に英語
を書き入れ，英文を完成させなさい。

But I learned 〔about　　by　　things　　watching　　many　　sumo〕 the matches.

But I learned ＿＿＿＿＿＿＿＿＿＿＿＿＿＿＿＿＿＿＿＿＿＿＿＿＿＿＿＿ the matches.

(2)　本文中の(A)theseの表している内容に当たるものとして最も適しているひとつづきの**英語2語**
を，本文中から抜き出して書きなさい。（　　　　　　　　　　　　）

(3)　本文中の(B)Theyの表している内容に当たるものとして最も適しているひとつづきの**英語4語**
を，本文中から抜き出して書きなさい。（　　　　　　　　　　　　　　　　　）

(4)　本文中の 'It ［　②　］ they start the match.' が，「彼らが試合を始める前に数分かかりま
す。」という内容になるように，解答欄の＿に**英語5語**を書き入れ，英文を完成させなさい。

It ＿＿＿＿＿＿＿＿＿＿＿＿＿＿＿＿＿＿＿＿＿＿＿＿＿＿＿ they start the match.

(5)　本文の内容から考えて，次のうち，本文中の［　③　］に入れるのに最も適しているものは
どれですか。一つ選び，記号で答えなさい。（　　　　）

ア　How is the winner decided?

イ　Which wrestler won the match?

ウ　Why did he win?

エ　Did you know where the evils went?

(6)　次のうち，本文で述べられている内容と合うものはどれですか。二つ選び，記号で答えなさい。

（　　　）（　　　）

ア　Kate watched sumo matches on TV while she was traveling around Japan.

イ　Kate didn't feel excited when she first got to the stadium.

ウ　Before the matches, the sumo wrestlers appear on the ring and perform a ceremony in
front of the audience.

エ　No one knows the reason why a *rikishi* throws salt into the ring.

オ　There are so many rituals to do on sumo.

4 次の会話文を読んで，あとの問いに答えなさい。

(A = Andrew [Announcer]，M = Monica，F = Fred，D = Damian，L = Lisa)

A： Now it's time for *Ask the Expert.* Our expert this week is Monica Jessop. She has worked at many top UK universities. Good to have you on the program, Monica.

M： Thanks, Andrew.

A： So, Monica, our first question comes from Fred.

F： Thanks, Andrew. Monica, does the media reflect what we think or does the media control what we think?

M： Ah, the eternal question, Fred. People once said that the most powerful person in the country was the newspaper editor because he decided what went on the front page and decided what was important and what wasn't. ①, the Internet has had an impact. Now, anyone can create news. With the camera in our smartphones we can record a video of an event, upload it to the Internet and people all over the world can see Ⓐit. A lot of sites are bringing news directly from the people who are experiencing it. So in answer to your question, the media controls what we think to some extent, but we are now able to use the media to reflect what we think.

A： OK, thanks, Monica. Thanks for that question, Fred. Now we have Damian. Hi, Damian. What's your question?

D： You talked about how the Internet has changed news, Monica. How else has the Internet changed the world of media?

M： Well, ② it's introduced a lot of new words to our language. Who heard of "microblogging" before the Internet? But more importantly, I believe the Internet has made media more interactive. Every article has reader comments, and every concert is reviewed. ア Unfortunately, I think the Internet has also made us more separate from each other. We're all watching and listening to different things. Everyone watched the same thing on TV and talked about it the next day at work or school. イ In 1986, the top-rated TV show got 30 million viewers. Twenty-five years later the top-rated show got less than half that number. We just don't share the same experience any more. We watch and listen to different things.

A： OK, thanks, Monica, and thanks, Damian for that question. We have only time for one more question from Lisa. ウ

L： Hi, Monica.

M： Hi, Lisa. What's your question?

L： Well, you talked about newspapers earlier. エ Will we still read newspapers in the future?

M： Most countries have seen a drop in newspaper circulation in the last few years. ③ The problem is not just the loss of readers. In the US, newspapers make almost 90% of their money from advertising. When circulation drops, fewer people want to pay much money for advertising.

A ： OK, thanks, Monica. Thanks for taking part in *Ask the Expert.*

(注)　expert　専門家　　media　メディア　　reflect　反映する　　eternal　永遠の

editor　編集者　　front page　(新聞の)一面　　have an impact　影響を与える

upload　アップロードする　　to some extent　ある程度

microblogging　マイクロブログ，つぶやきサイト　　interactive　双方向の　　article　記事

review　批評する　　separate　ばらばらに　　top-rated　人気のある　　viewer　視聴者

drop　減少，落ちる　　circulation　発行部数　　advertising　広告

(1)　本文の内容から考えて，次のうち，本文中の　①　，　②　に入れるのに最も適しているものはどれですか。それぞれ一つ選び，記号で答えなさい。ただし，文頭の語も小文字にしています。

①(　　　)　②(　　　)

ア　of course　　イ　however　　ウ　until　　エ　if

(2)　本文中の(A)itの表している内容に当たるものとして最も適しているひとつづきの**英語5語**を，本文中から抜き出して書きなさい。(　　　　　　　　　　　　　　　　　　)

(3)　本文中には次の英文が入ります。本文中の　ア　～　エ　から，入る場所として最も適しているものを一つ選び，記号で答えなさい。　(　　　)

I hear they're having a hard time.

(4)　本文中の　③　が，「新聞にとって生き残ることはずっと困難です。」という内容になるように，次の〔　　〕内の語を並べかえて解答欄の＿＿に英語を書き入れ，英文を完成させなさい。

It is〔to　　harder　　much　　newspaper　　for〕survive.

It is ＿＿＿＿＿＿＿＿＿＿＿＿＿＿＿＿＿＿＿＿＿＿＿＿＿ survive.

(5)　次のうち，本文で述べられている内容と合うものはどれですか。**二つ選び**，記号で答えなさい。

(　　　)(　　　)

ア　Monica has taught at many top universities in the US.

イ　Monica says that the most powerful person in the country is the newspaper editor.

ウ　Monica says that many new words have come from the Internet.

エ　Monica says that the top-rated TV show got less than 15,000,000 viewers in 2011.

オ　Monica thinks that everything brought us by the Internet is good.

5 会話文を読んで，あとの問いに答えなさい。

Janis： Hey, I'm sorry. I was late.

Alice： [①] I was reading a book.

Janis： Oh, do you like reading? What book were you reading?

Alice： I was reading *Anne of Green Gables*. It's one of my favorites. This is ...the fourth time.

Janis： Wow. You like the novel so much. Do you often read other books, too?

Alice： Yes. I like reading. So I usually read two or three books a week.

Janis： Really! That's unbelievable. Actually, I don't like reading so much. I read two or three books a year. My mother always tells me to read books, but [②]

Alice： I can understand how you feel. Sometimes it's difficult to [③].

Janis： What kind of books do you usually read?

Alice： I especially like novels. I like fiction books better than non-fiction. [④] Especially, reading fiction is good for our body and mind.

Janis： That's interesting. Non-fiction gives us new information, and maybe it's useful for our study. But fiction stories are not true stories. They are just interesting or exciting. How are they good for our health?

Alice： A newspaper said that reading fiction stories can be good in many ways. First of all, as you said, reading fiction gives you fun and pleasure. It can give you a chance to forget your stress or your own problems in your real life. In a study, reading fiction for just six minutes can reduce stress levels a lot. This is more than listening to music or going out for a walk.

Janis： Wow. Only six minutes! Even I can do Ⓐthat.

Alice： Yes. By the way, have you heard of Alzheimer's disease? Reading can protect your brain against Alzheimer's disease. ［ ア ］

Janis： Really? How can it be possible?

Alice： When you read fiction, your brain receives stimulation. ［ イ ］

Janis： Our brain receives stimulation? ［ ウ ］

Alice： OK. When you read fiction, you imagine the situation in the story, such as the landscapes, sounds, smells and tastes, right? ［ エ ］ At that time, various areas of the brain start to work well, though you are just imagining them, not really experiencing them. The newspaper said that it doesn't happen when we're watching TV or playing computer games. Doing something like this is important to keep your brain young.

Janis： Interesting! So, you don't always have to experience something in real life to stop your brain from getting old.

Alice： Right. Reading fiction can not only improve your imagination skills but also keep you healthy by protecting you against brain problems or reducing your stress levels. Why don't you try reading fiction? Only six minutes is good enough. It's not too difficult at all.

(注)　*Anne of Green Gables*　赤毛のアン　　unbelievable　信じられない

non-fiction　ノンフィクション　　stress　ストレス　　Alzheimer's disease　アルツハイマー病

brain　脳　　stimulation　刺激　　stop A from ～ing　A が～するのを止める

imagination　想像

(1)　本文の内容から考えて，次のうち，本文中の ① ， ② に入れるのに最も適
   しているものはどれですか。それぞれ一つ選び，記号で答えなさい。①(　)　②(　)

①　ア　It's OK. I had something to do.

　　イ　Don't worry. I had nothing to do.

　　ウ　It's no problem. I was worried.

　　エ　It's a big problem. I need a book.

②　ア　I always find it exciting.

　　イ　I get bored quickly.

　　ウ　I have never read books.

　　エ　I just feel like sleeping now.

(2)　本文中の 'Sometimes it's difficult to ③ .' が，「時々あなたが好きな本を見つける
   ことは難しいです。」という内容になるように，解答欄の＿＿に**英語5語**を書き入れ，英文を完成
   させなさい。

　　Sometimes it's difficult to ＿＿＿＿＿＿＿＿＿＿＿＿＿＿＿＿＿＿＿＿＿.

(3)　本文中の ④ が，「ところで，私は本を読むことが私たちが健康でいることを助ける
   ことができると聞きました。」という内容になるように，次の〔 　 〕内の語を並べかえて解答欄
   の＿＿に英語を書き入れ，英文を完成させなさい。

　　By the way, I heard that reading books〔help　　healthy　　can　　stay　　us〕.

　　By the way, I heard that reading books ＿＿＿＿＿＿＿＿＿＿＿＿＿＿＿＿＿.

(4)　本文中の (A) <u>that</u> の表している内容に当たるものとして最も適しているひとつづきの**英語6語**を，
   本文中から抜き出して書きなさい。(　　　　　　　　　　　　　　　　)

(5)　本文中には次の英文が入ります。本文中の ア ～ エ から，入る場所として最も適している
   ものを一つ選び，記号で答えなさい。(　)

　　What do you mean?

(6)　次のうち，本文で述べられている内容と合うものはどれですか。**二つ選び**，記号で答えなさい。

(　)(　)

ア　Alice has read *Anne of Green Gables* three times before.

イ　Alice learned about Alzheimer's disease by reading a novel.

ウ　Reading fiction stories is good for both our body and mind.

エ　Listening to music can reduce stress levels more than reading.

オ　When you are playing a computer game, your brain feels stress.

6 次は，Jimmy と Helen の会話です。会話文を読んで，あとの問いに答えなさい。

Jimmy ： Hey, Helen, I've got a new video game. Would you like to play it together with me?

Helen ： 　　①　　 Please just leave me alone, will you?

Jimmy ： Come on. What's wrong with you? Relax!

Helen ： Sorry, Jimmy. It's not your fault. I have to finish my essay homework by tomorrow. But I don't even know how I should start.

Jimmy ： Do you have a topic?

Helen ： "Globalization." But I don't think I know what it means...

Jimmy ： 　　②　　 But I will tell you about it. The world, I mean, this Earth, is called "the globe." Globalizing something is to make something international. Let's put it this way. Here in America, you can eat a hamburger. But you can eat sushi, Japanese food, too. In the same way, Japanese people eat hamburgers. But the Japanese buy meat for hamburgers from Australia, and the meat is processed in China, and Indian people may work in the Japanese hamburger shops.

Helen ： Wow, but that's not special here in America.

Jimmy ： Yes, but we have 　③　. People in the world have different standards of life. Some people say, because of international trade, rich countries will become richer, and poor countries will become poorer. Others say countries may lose something special in their own cultures, because people want to have the same things all over the world.

Helen ： OK. I got the idea. But I don't 　　④　　 the essay.

Jimmy ： I'll give you some advice. First of all, you can do a "brainstorm." There are so many "globalized" things in our lives. Write any ideas you think of on some paper. Then ask yourself what you want to write about the most, and choose one of them. Keep in mind the goal of your essay. If you are sure that you can finish your essay on that topic, you are good to go.

Helen ： OK. I'll do that. ア

Jimmy ： Then, write a topic sentence. Introduce your main idea simply. So, 　　⑤　　

Helen ： Oh, I see. That makes sense. イ

Jimmy ： After you have a good topic sentence, support the main idea. You can give examples and facts for your topic. You can do research in this step. Make an outline of your essay before you start writing. Finish your essay with the main idea again, because that is what you want to say.

Helen ： I see. Now I feel better. I think I can do it. ウ Thank you very much. I am ready to go.

Jimmy ： Be sure to check for errors after you finish it. And I will give you one more very important piece of advice.

Helen ： OK.

Jimmy　：　 エ 　You had much time, but I know you didn't start it until the last minute.

Helen　：　Oh, Jimmy, thank you very much for that good advice. But tell me something I don't know, will you?

（注）　one's fault　〜のせい，〜の責任　　essay　小論文　　process　加工する

standards of life　生活水準　　trade　交易　　sentence　文　　simply　簡潔に，簡単に

fact　事実　　outline　アウトライン，概要　　error　間違い

(1)　本文の内容から考えて，次のうち，本文中の　　①　　に入れるのに最も適しているものはどれですか。一つ選び，記号で答えなさい。（　　　）

ア　What game do you have?　　イ　I love video games.　　ウ　I'm busy.

エ　I'm happy.

(2)　本文中の　　②　　が，「私たちはそれについて学校で習ったことがありますよね？」という内容になるように，次の〔　　　〕内の語を並べかえて解答欄の＿＿に英語を書き入れ，英文を完成させなさい。

We〔about　have　it　learned　at〕school, haven't we?

We ＿＿＿＿＿＿＿＿＿＿＿＿＿＿＿＿＿＿＿＿ school, haven't we?

(3)　本文の内容から考えて，次のうち，本文中の　③　に入れるのに最も適しているものはどれですか。一つ選び，記号で答えなさい。（　　　）

ア　problems　　イ　stores　　ウ　questions　　エ　businesses

(4)　本文中の 'But I don't　　④　　 the essay.' が，「でも，どうやって小論文を書き始めたらいいかわかりません。」という内容になるように，解答欄の＿＿に**英語5語**を書き入れ，英文を完成させなさい。

But I don't ＿＿＿＿＿＿＿＿＿＿＿＿＿＿＿＿＿＿ the essay.

(5)　本文中には次の英文が入ります。本文中の　ア　〜　エ　から，入る場所として最も適しているものを一つ選び，記号で答えなさい。（　　　）

Next time, start it earlier.

(6)　本文の内容から考えて，次のうち，本文中の　　⑤　　に入れるのに最も適しているものはどれですか。一つ選び，記号で答えなさい。（　　　）

ア　you can understand what your readers want to read better.

イ　your readers can understand what you want to say better.

ウ　you can understand what your readers want to listen better.

エ　your readers can understand what they want to write better.

(7)　次のうち，本文で述べられている内容と合うものはどれですか。一つ選び，記号で答えなさい。

（　　　）

ア　Helen doesn't think there is "globalization" in America.

イ　Jimmy thinks he can write the essay for Helen.

ウ　Helen doesn't think she can finish her homework.

エ　Jimmy doesn't think Helen began her work early enough.

7 次は，日本人の太郎がニューヨークを訪れ，学校の友達と交わした会話です。会話文を読んで，あとの問いに答えなさい。

Taro ： What's a good *omiyage* from New York?

Lisa ： ___①___

Taro ： Oh, sorry, I don't know the English word. Um, *omiyage* are the presents you bring back home when you travel somewhere new.

Lisa ： ___②___ You mean "souvenirs."

Taro ： "Souvenirs" means "*omiyage*" in English?

Lisa ： I think so. Little presents from a visit to another city or country, right? Like my sister got me a key ring from Hawaii. It has my name on it! Here, take a look!

Taro ： That's right, your sister went to Hawaii! Wow, it's so cute. What a nice souvenir! What delicious food did she bring?

Lisa ： She didn't bring any food back.

Taro ： ___③___ That's strange. Aren't there lots of delicious fruits in Hawaii?

Lisa ： Yes, I mean, of course the fruit in Hawaii is famous, but it would be so difficult to bring home in your suitcase!

Taro ： But don't they make cookies, cakes or something with the fruit that is easy to take home as a souvenir? I know. What about macadamia nut chocolate? Aren't they famous in Hawaii?

Lisa ： Well, yes, but I can buy them at our supermarket here in New York. My sister ___④___ in Hawaii to bring back.

Taro ： But in Japan, if I go somewhere, Hawaii, or even a different city in Japan, I should bring back something delicious from that city. That's *omiyage*.

Lisa ： I see, then I think *omiyage* is a little different from souvenirs.

Taro ： What about New York, what is a famous food here?

Lisa ： Famous food in New York? Oh that's definitely the hot dogs! If someone comes to New York, they definitely want to eat a New York hot dog!

Taro ： That sounds great, but I can't take a hot dog home on the airplane with me. It's too difficult. What's easy to bring home?

Lisa ： Well, I think here in America we don't have souvenir foods like you do in Japan. We do have foods that are popular or famous in different cities, but they aren't easy to carry. You have to eat them when you go to that city. It's something that is fun about travel!

Taro ： Yes, it's definitely fun, but my father is going to be really sad if I don't bring home something delicious from New York.

Lisa ： I'm sorry. ___⑤___ You can buy some of your favorite cookies to take home. They're not special in New York, and the box is not pretty like a souvenir, but you really like them. Maybe.

Taro ：　That's a good idea. Even if they are not special *omiyage*, they will still be a unique present from America! Can we go after school?

Lisa ：　Sure, we can also go to a bigger supermarket this weekend. Maybe we can find other unique things to eat from New York, even if (A) they are not sold as "*omiyage*." I think we can find some good souvenirs for your family.

Taro ：　Thanks, that's really helpful!

　（注）　somewhere new　どこか新しい所　　key ring　キーホルダー

　　　　　macadamia nut chocolate　マカダミアナッツチョコレート　　definitely　絶対に

(1)　本文の内容から考えて，次のうち，本文中の　　①　　～　　③　　に入れるのに最も適しているものはどれですか。それぞれ一つ選び，記号で答えなさい。

　　①(　　　)　②(　　　)　③(　　　)

　ア　I'm happy.　　イ　What's *omiyage*?　　ウ　Really?

　エ　Can you speak English?　　オ　I know.

(2)　本文中の 'My sister 　　④　　 in Hawaii to bring back.' が，「私の姉は持ち帰るためにハワイでそれらを買う必要はありません。」という内容になるように，解答欄の＿＿に**英語5語**を書き入れ，英文を完成させなさい。

　　My sister ＿＿＿＿＿＿＿＿＿＿＿＿＿＿＿＿＿＿＿＿＿＿＿＿ in Hawaii to bring back.

(3)　本文中の　　⑤　　が，「スーパーマーケットへ行くのはどうですか？」という内容になるように，次の〔　　〕内の語を並べかえて解答欄の＿＿に英語を書き入れ，英文を完成させなさい。

　　How〔going　　to　　about　　supermarket　　the〕?

　　How ＿＿＿＿＿＿＿＿＿＿＿＿＿＿＿＿＿＿＿＿＿＿＿＿＿＿＿＿?

(4)　本文中の(A) theyの表している内容に当たるものとして最も適しているひとつづきの**英語8語**を，本文中から抜き出して書きなさい。(　　　　　　　　　　　　　　)

(5)　次のうち，本文で述べられている内容と合うものはどれですか。**二つ選び**，記号で答えなさい。

　　　　　　　　　　　　　　　　　　　　　　　(　　　)(　　　)

　ア　It is difficult to bring the fruit in Hawaii back as a souvenir.

　イ　Macadamia nut chocolate are famous in Hawaii.

　ウ　Taro and Lisa will buy a New York hot dog as a souvenir.

　エ　America has as many souvenir foods as Japan.

　オ　At the supermarket in Hawaii, you can buy a souvenir in a pretty box made in New York.

8 会話文を読んで，あとの問いに答えなさい。

Tom ： Did you have a good weekend, Alice?

Alice ： No, it finished too soon! It flew by — which means it went quickly — and here we are again, back at work!

Tom ： Yeah. I know what you mean. It's different from childhood. In elementary school, just one week felt like a long time. It took so much time ① six years at elementary school.

Alice ： Ha ha. Yes, I remember that I ② for my next birthday each year. One year felt like one hundred years!

Tom ： Do you think time flows at the same speed for everyone — even animals? My cat usually sleeps without doing anything all day. I wonder why she is not bored. Is their sense of time different from ours?

Alice ： Good question. The answer is yes, Tom! According to a new study, smaller animals feel that time is passing in slow motion.

Tom ： ア Do you think they hear us like this: t...a...l...k...i...n...g s...l...o...w...l...y...?

Alice ： Don't be silly, Tom! I mean, small animals such as small insects and small birds can see more in a period of time — for example, a second — than larger animals. イ

Tom ： It sounds like the day would really be boring if every minute goes slow like that! How does this help them?

Alice ： It helps them by giving them time to escape larger animals. I heard that a small insect's eye can move ③ as a human eye.

Tom ： Wow, insects are very quick.

Alice ： Yes. Small animals can usually process more information than we can. ウ But in a dangerous situation our brains do something unusual. They begin to work really hard to process information more quickly. As a result, we think and feel lots of different things at the same time. ④

Tom ： Yes, I was ten years old and I fell out of a big tree in our garden.

Alice ： Oh no! Did your brain work hard, Tom?

Tom ： Yeah. I have a clear memory of the sun flashing above me, and the clouds moving across the sky, and the leaves rustling in the tree above me. My mum was screaming from the kitchen window. I experienced so much in just a few seconds. エ

Alice ： Oh, poor Tom! Did you hurt yourself?

Tom ： I did, — but no broken bones.

Alice ： Glad to hear that. Now, this is another unusual thing about our brains! In a shocking or new situation your brain starts to record every little thing that happens. That's why you have such a clear memory of falling from the tree. Did it feel like a long time?

Tom ： Yes it did.

Alice： Similar to a shocking situation, if you have more memory of a new event, you believe it took longer. ⑤ — because their experiences are new, and they are creating lots of new memories.

Tom ： Adults like us are doing the same things and don't need new memories because (A) <u>they</u> are so familiar. But here in this article the scientist is talking about how we can make time longer in a good way! "If you can spend your weekend doing a lot of different new activities, the weekend will feel long and you will enjoy it more."

Alice： We should do that this weekend, Tom. What do you think?

Tom ： I agree. I'm going to buzz around like a bee and create a lot of new memories.

　（注）　flow　流れる　　process　処理する　　flash　きらめく

　　　　　rustle　（葉っぱなどが)カサカサと音を出す　　scream　叫ぶ　　bone　骨

　　　　　familiar　よく知っている，なじみのある　　buzz around　動き回る

(1)　本文の内容から考えて，次のうち，本文中の　①　，　②　に入れるのに最も適しているものはどれですか。それぞれ一つ選び，記号で答えなさい。①(　　　) ②(　　　)

①　ア　finish　　イ　finishes　　ウ　finished　　エ　to finish

②　ア　waited　　イ　got　　ウ　looked　　エ　found

(2)　本文中には次の英文が入ります。本文中の　ア　～　エ　から，入る場所として最も適しているものを一つ選び，記号で答えなさい。(　　　)

　　That sounds strange.

(3)　本文中の 'I heard that a small insect's eye can move　③　as a human eye.' が，「私は，小さな昆虫の目は人間の目の4倍くらい速く動くことができると聞きました。」という内容になるように，解答欄の＿＿に英語5語を書き入れ，英文を完成させなさい。

　　I heard that a small insect's eye can move _____

　　_____ as a human eye.

(4)　本文中の　④　が，「あなたは今までに危険な状態になったことがありますか？」という内容になるように，次の〔　　　〕内の語を並べかえて解答欄の＿＿に英語を書き入れ，英文を完成させなさい。

　　Have〔a　　you　　in　　been　　ever〕dangerous situation?

　　Have _____ dangerous situation?

(5)　本文中の　⑤　が，「この考えはなぜ子どもたちがしばしば1年はとても長いと感じるのかを説明しています。」という内容になるように，次の〔　　　〕内の語を並べかえて解答欄の＿＿に英語を書き入れ，英文を完成させなさい。

　　This idea explains〔feel　　children　　why　　that　　often〕one year is so long

　　This idea explains _____ one year is so long

(6)　本文中の(A) <u>they</u>の表している内容に当たるものとして最も適しているひとつづきの**英語3語**を，本文中から抜き出して書きなさい。(　　　　　　　　　　　)

9 次は，日本人高校生２名が学校新聞を作るため，留学生ティム（Tim）さんにインタビューしている会話です。会話文を読んで，あとの問いに答えなさい。

Shota： Hello, Tim. Nice to meet you. Thank you for [①] time for us.

Tim ： Hi, there.

Hina ： Hi, Tim. We are members of the student association. We are going to interview you to make THE STUDENT TIMES. Are you ready?

Tim ： Yeah.

Shota： First, I'd like to ask about yourself. [②]

Tim ： Yes, it is. I came here in August.

Shota： Would you tell me about your impression of Japan and Japanese people?

Tim ： Well.... People are kind, foods are delicious, cities are busy and it is very hot in summer.

Hina ： You are right. Are you staying at one of the students' house?

Tim ： Yes, I am staying at Ryota's home now. I enjoy staying with his family. They are nice to me. My host mother took me to the local festival last week. Then I got interested in it very much. [③] A lot of people came there. I enjoyed talking with Ryota's friends and eating some food from stalls.

Shota： That's good for you. In some areas of Japan, we have a tradition of celebrating the harvest around this time of the year. I'm glad you spend a good time with your host family.

Tim ： Thanks. It was great I could go to the local event.

Hina ： The next question. [④]

Tim ： Yeah, actually. I think Japanese people's way of eating noodles is very strange. They use chopsticks and they even make sounds! I felt a little nervous when I first saw it.

Shota： I guess so, but it is our way of eating noodles.

Tim ： Wow.

Shota： Anything else you think unnatural?

Tim ： Oh, in fact, I didn't feel good when I am looked at by people. When I was at the bus stop, for example, everybody looked at me. I didn't know why they did so.

Shota： I'm sorry to hear (A)that, but they were just curious. They wanted to talk to you. Please don't worry.

Tim ： All right.

Hina ： Two more questions from me. Do you have a good time in your class?

Tim ： Of course, thanks to my friends, I enjoy school every day. I like to study all the subjects. I'm good at math and science. Also, I enjoy learning a new subject of Korean language. To learn a [⑤] very interesting.

Hina ： That's great. You study very hard.

Shota： Do you belong to any club now?

Tim　： Yeah, I joined the soccer club last month. After school, I go to the ground every day with my friends and play soccer. ア In my country, however, students who want to play sports have to go to other places. イ We even pay for the instructions. ウ I was surprised that Japanese students and teachers spend so much time on those extra-curricular activities. エ

Shota： I understand. Thanks to you, we can learn a different school system.

Hina　： OK. ⑥ What would you like to do in the future?

Tim　： Well, I would like to become a good interpreter who can use more than three languages. That's my dream. I keep studying hard. I also want to learn about the society and economy so that I can prepare for my future work. I believe my experience outside my own country will help me realize my dream.

Shota： You have a nice dream. Good luck. Well, that's all. Thank you so much for today.

Tim　： Not at all.

Hina　： Thank you very much, Tim.

　　(注)　student association 生徒会　　impression 印象　　stall 屋台　　harvest 収穫
　　　　unnatural 不自然な　　curious 好奇心の強い　　instruction 指導
　　　　extra-curricular 課外の　　interpreter 通訳　　economy 経済
　　　　so that 〜　〜するために

(1)　本文の内容から考えて，次のうち，本文中の ① に入れるのに最も適しているものはどれですか。それぞれ一つ選び，記号で答えなさい。(　　　)

　　ア　going　　イ　coming　　ウ　showing　　エ　making

(2)　本文の内容から考えて，次のうち，本文中の ② に入れるのに最も適しているものはどれですか。一つ選び，記号で答えなさい。(　　　)

　　ア　Have you ever visited Japan?

　　イ　Is this your first time to come to Japan?

　　ウ　When did you arrive here?

　　エ　Why do you study outside your country?

(3)　本文中の ③ が，「私はみこしを担いでいる人々を見てわくわくしました。」という内容になるように，次の〔　　　〕内の語を並べかえて解答欄の＿＿＿に英語を書き入れ，英文を完成させなさい。

　　I was 〔excited　　see　　people　　carrying　　to〕 *mikoshi*.

　　I was ＿＿＿＿＿＿＿＿＿＿＿＿＿＿＿＿＿＿＿＿＿＿＿＿＿＿＿＿＿＿＿ *mikoshi*.

(4) 本文の内容から考えて，次のうち，本文中の _____④_____ に入れるのに最も適しているものは
どれですか。一つ選び，記号で答えなさい。（　　　）

ア　How do you think about Japanese people's way of eating noodles?

イ　Did you find anything interesting about our town?

ウ　Is there anything you felt different from your country?

エ　What is the best way of eating noodles in your country?

(5) 本文中の Ⓐthatの表している内容に当たるものとして最も適しているものはどれですか。一つ
選び，記号で答えなさい。（　　　）

ア　麺の食べ方が，なかなか上手にならないこと。

イ　友達と祭りを見学できず，残念に思ったこと。

ウ　部活動のサッカーで，うまくプレーできないこと。

エ　バス停でみんなに見られて，不快だったこと。

オ　日本人が好奇心旺盛で，いつも話しかけられること。

(6) 本文中の 'To learn a _____⑤_____ very interesting.' が，「新しい言語や文化を学ぶことはと
ても面白いです。」という内容になるように，解答欄の____に英語5語を書き入れ，英文を完成さ
せなさい。

　　　To learn a _____ very interesting.

(7) 本文中には次の英文が入ります。本文中の ア ～ エ から，入る場所として最も適しているも
のを一つ選び，記号で答えなさい。（　　　）

　　　Also, they have more communication than we do in my home country.

(8) 本文中の _____⑥_____ が，「私に最後の質問をさせてください。」という内容になるように，次
の〔　　〕内の語を並べかえて解答欄の____に英語を書き入れ，英文を完成させなさい。

　　　Let〔the　　ask　　me　　last　　you〕question.

　　　Let _____ question.

(9) 次のうち，本文で述べられている内容と合うものはどれですか。二つ選び，記号で答えなさい。
　　　　　　　　　　　　　　　　　　　　　　　　　　　（　　　）（　　　）

ア　Tim gave his impressions about Japanese people and climate.

イ　Shota met Tim at a local festival when they were eating some food from stalls.

ウ　Tim felt strange to see Japanese people eating noodles with chopsticks.

エ　Hina asked Tim about his school life and club activity.

オ　Tim isn't interested in learning about the society and economy.

10 次の英文は，中学生の浩（Hiroshi）と美香（Mika）とが，放課後の教室で，ホワイト先生（Ms. White）と，会話をしているときのものです。(1)～(6)の問いに答えなさい。　　　（岐阜県）

Hiroshi:　　You look happy today, Ms. White.

Ms. White:　　Yes, Hiroshi. Do you want to know why? Look at this.

Mika:　　Does that paper have good news?

Ms. White:　　Yes, Mika. This is an e-mail from my grandfather in America. He says that he has just started living with his new friend. Her name is Judy. She is four years old. She helps him every day. He also says in the e-mail that Judy has actually changed his life.

Hiroshi:　　I'm afraid that I don't understand what you mean. A four-year-old girl living with your grandfather helps him?

Ms. White:　　Actually, Hiroshi, Judy is not a 'girl'. Please look at ① this picture that my grandfather sent with the e-mail.

Mika:　　Oh, Judy is a dog! She is very cute.

Hiroshi:　　So your grandfather has started keeping a dog as a pet. In the picture, Judy is playing with your grandfather's shoe, and he is smiling.

Ms. White:　　Well, Hiroshi, Judy is not a pet-dog but a service dog.

Hiroshi:　　A service dog? I haven't heard of that. How about you, Mika?

Mika:　　Hiroshi, do you remember we learned about assistance dogs in our social studies class last year? Assistance dogs are given special training to help people with disabilities. In Japan, there are three types of assistance dogs; guide dogs, hearing dogs, and service dogs. I read in a book that a service dog can help its owner to get up from his bed, to take off his shoes, and even to call his family on the phone.

Hiroshi:　　Wow! Service dogs are really （ ② ）. Then, is Judy trying to take off your grandfather's shoe in the picture, Ms. White?

Ms. White:　　That's right. My grandfather uses a wheelchair. Service dogs are able to help people who use wheelchairs. His e-mail says that Judy opens doors for him, carries his bag, and sometimes pushes elevator buttons when he goes out. I believe he enjoys his life every day because （ ③ ）.

Hiroshi:　　Now I understand why your grandfather said, "Judy has actually changed my life." Well, Mika, can you tell me a little more about service dogs in Japan?

Mika:　　Sure. I heard that there are about seventy or eighty service dogs in Japan now. Japan has a law which helps the owners of service dogs. The law says that the owners can stay at hotels, go into restaurants and get on trains with their service dogs.

Ms. White:　　In America, we have the same kind of law which gives people the right to live comfortably with their service dogs.

Hiroshi:　　How many service dogs are there in America?

Ms. White:　　My grandfather told me that there are more than two thousand service dogs in America. But we need more because there are still many people with disabilities waiting for a chance to have service dogs.

Mika:　　More than two thousand? So many? I think we should start to do something to get more service dogs in Japan.

Hiroshi:　　I think so, too. It is important to make our friends interested in service dogs. If they find how necessary it is for people with disabilities to have service dogs, our friends will also try to do something to get more service dogs in Japan.

Mika:　　I agree. But how?

Hiroshi:　　I have an idea. I'm going to take part in the English presentation contest next month. And in my presentation, I can show that service dogs are wonderful members of our community.

Ms. White:　　Hiroshi, how nice! For your presentation, I will ask my grandfather to give us information about service dogs and to send some more pictures of Judy working for him.

Hiroshi:　　Thank you very much, Ms. White. Please say "Thank you" to your grandfather and his cute friend for me!

(注)　service dog：介助犬　　assistance dog：補助犬　　training：訓練　　disability：障がい

type：種類　　guide dog：盲導犬　　hearing dog：聴導犬　　owner：飼い主

wheelchair：車椅子　　elevator button：エレベーターのボタン　　law：法律

comfortably：快適に　　take part in ～：～に参加する　　contest：コンテスト

community：地域社会

(1)　下線部①にあたるものを，本文の内容に即して，次のア～エの中から一つ選び，その符号を書きなさい。（　　　）

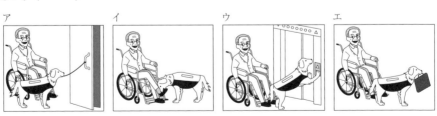

(2)　本文中の（　②　）に入れるのに最も適切なものを，次のア～エの中から一つ選び，その符号を書きなさい。（　　　）

ア　smart　　イ　shy　　ウ　selfish　　エ　lazy

(3)　本文中の（　③　）に入れるのに最も適切なものを，次のア〜エの中から一つ選び，その符号を書きなさい。（　　　）

ア　he is proud of helping other people in trouble

イ　he can learn about assistance dogs in a social studies class

ウ　he is very busy taking care of Judy and other dogs

エ　he can do many things more easily with Judy's help

(4)　次の質問に対する答えを，本文の内容に即して，英語で書きなさい。ただし，解答欄の＿＿の部分には1語ずつ書くこと。

1　Are there more service dogs in America than in Japan?

　　＿＿＿, there ＿＿＿.

2　Why does Hiroshi want to talk about service dogs at the English presentation contest?

　　Because he thinks it is ＿＿＿ to make his friends ＿＿＿ in service dogs.

(5)　本文の内容に合っているものを，次のア〜カの中から二つ選び，その符号を書きなさい。

（　　　）（　　　）

ア　Ms. White is happy because she got good news by e-mail from her grandfather.

イ　Ms. White's grandfather is surprised because Ms. White has made a new friend.

ウ　Judy is only a little girl, so she cannot help Ms. White's grandfather at all.

エ　Hiroshi knows very much about service dogs because he keeps a dog as a pet.

オ　Mika and Hiroshi think they should start to do something to get more service dogs in Japan.

カ　In America, there isn't a law which gives people the right to live comfortably with service dogs.

(6)　次の英文は，ホワイト先生が浩と美香と会話をした後，ホワイト先生のおじいさんに送ったEメールの一部です。（　④　），（　⑤　）に入れるのに最も適切な英語を，本文中から抜き出して1語ずつ書きなさい。ただし，（　　）内に示されている文字で書き始め，その文字も含めて答えること。④（　　　）⑤（　　　）

One of my students will talk about service dogs at a presentation contest. Can you give me（④ i　　　）about service dogs for him? He will be very happy. Will you also send some more（⑤ p　　　）of Judy? He may use them in his presentation.

Chapter2 長文総合

1 次の英文を読んで，あとの問いに答えなさい。

The Earth is very old. It has changed often during its long life, and it is still changing. Millions of years ago, when dinosaurs were alive, ⬚①⬚ . At that time, there was not a lot of ice on the land or on the sea, even in the very north or the very south of the world. And the sea was much higher than it is today.

There have been many changes since that time, sometimes to a warmer climate, sometimes to a colder one. About 20,000 years ago, for example, a time called an Ice Age began. There was ice over much of the world, and it was 3 kilometers deep over much of North America and Europe. ⬚②⬚ Our climate has changed many times, and it will change again.

Why does our climate change? Sometimes the changes come from *outside* the Earth. For example, the Earth moves around the Sun — this is called the Earth's orbit. Every few thousand years, the Earth changes its orbit around the Sun. The change happens slowly, and it brings the Earth nearer to the Sun or it takes the Earth farther away from the Sun. When this happens, it can finish an Ice Age — or it can start a new one.

Changes can also come from *inside* the Earth. An example of this is the volcano of Krakatoa. When it erupted in 1883, the sky became dark over many countries, and stayed dark for months. And for more than a year, the Earth was 1℃ colder than before.

But now, for the very first time, *people* are changing the climate. In the year 2000, the Earth was 0.7℃ warmer than it was in 1900, just one hundred years earlier. This change did not happen because of the Earth's orbit — it happened because of us. Some people think that this is a small change. But think about this. A change of just 5 to 7℃ can start or finish an Ice Age. Does climate change happen quickly or slowly? *The Day After Tomorrow* is a movie about a change ⬚③⬚ happens very quickly. In the movie, the Earth's climate changes in only a few days, and a new Ice Age begins in the north of the world.

Can the climate change like this? Scientists think that it can — but not as quickly as this. Scientists do not always agree. Some think that the climate is changing a lot, and some think that it is changing a little. Some think that it will change quickly, and some slowly. But all scientists agree that climate change is happening. The important question is this: how dangerous will the change be?

Al Gore, the man who worked next to President Clinton of the USA between 1993 and 2001, thinks that the change will be dangerous. In his movie *An Inconvenient Truth*, Al Gore describes ⬚④⬚ the Earth's climate has changed. He has talked about the dangers of climate change for more than twenty years, but is he right? Is climate change a dangerous problem?

⑤ it? And what *can* we do?

(注) dinosaur 恐竜 climate 気候 Ice Age 氷河期 orbit 軌道 farther far の比較級
the volcano of Krakatoa クラカタウ火山（インドネシア） erupt 噴火する
The Day After Tomorrow デイ・アフター・トゥモロー（映画名）
Al Gore アル・ゴア（人名） Clinton クリントン（人名）
An Inconvenient Truth 不都合な真実（映画名）

(1) 本文の内容から考えて，次のうち，本文中の ① に入れるのに最も適しているものは
どれですか。一つ選び，記号で答えなさい。（　　　）
ア the Earth was much colder 　イ they were much smaller
ウ the Earth was much warmer 　エ they were much larger

(2) 本文中の ② が「そして海（の水位）は今日ほど高くはありませんでした。」という
内容になるように，次の〔　　〕内の語を並べかえて解答欄の＿＿に英語を書きなさい。
And the sea was not as 〔today　as　is　high　it〕.
And the sea was not as ＿＿＿＿＿＿＿＿＿＿＿＿＿＿＿＿＿＿＿＿＿＿＿＿＿.

(3) 本文の内容から考えて，次のうち，本文中の ③ に入れるのに最も適しているものはどれで
すか。一つ選び，記号で答えなさい。（　　　）
ア it 　イ that 　ウ what 　エ who

(4) 本文の内容から考えて，次のうち，本文中の ④ に入れるのに最も適しているものはどれで
すか。一つ選び，記号で答えなさい。（　　　）
ア where 　イ how 　ウ which 　エ when

(5) 本文中の ⑤ が，「私たちはそれに関して何かしなければならないのでしょうか。」と
いう内容になるように，解答欄の＿＿に**英語5語**を書き入れ，英文を完成させなさい。
＿＿＿＿＿＿＿＿＿＿＿＿＿＿＿＿＿＿＿＿＿＿＿＿＿＿＿＿＿ it?

(6) 次のうち，本文で述べられている内容と合うものはどれですか。二つ選び，記号で答えなさい。
（　　　）（　　　）
ア The sea was higher millions of years ago than today.
イ Climate change comes only from outside the Earth.
ウ When the volcano of Krakatoa erupted, the sky stayed dark for centuries.
エ The Earth became colder in 2000 than it was in 1900.
オ Al Gore told us about the danger of climate change in his movie.

(7) 本文の内容と合うように，次の問いに対する答えを英語で書きなさい。ただし，**6語**の英語で
書くこと。（　　　　　　　　　　　　　　　　　　　）
According to the passage, when did an Ice Age start?

2 国際宇宙ステーション（the International Space Station）について書かれた次の英文を読んで，あとの問いに答えなさい。

Many countries around the world have sent satellites into space since the late 1950s. Now, more than 4,400 satellites are going around the Earth. The International Space Station (ISS) is the largest of them all. The ISS is flying about 400 kilometers above the Earth at a speed of about 28,000 kilometers an hour. In fact, you can see it in the night sky with your eyes. From the Earth, it ⬚①⬚ moving very fast.

Now usually six trained astronauts stay on the ISS as crew members, and the crew changes about every six months. The ISS crew members are very busy during their stay because they have a lot of things to do every day. They usually work from 10 to 12 hours a day to keep the ISS in good and safe condition. When something unexpected happens to the ISS or the machines on the ISS, they must solve the problem as fast as they can. Sometimes they must repair the broken part of the machine by themselves. ⬚②⬚ They check the machines every day to make sure they are working without any problems.

The most important thing for the ISS crew members is to stay healthy during their long space flights. In space, the crew members don't have to fight gravity, so they can move around or move something heavy without using much strength. If they don't use much strength, their muscles and bones become weaker, and their physical strength goes down while they are staying in space for months. To solve (A) this problem, the ISS crew members exercise every day. There are several kinds of exercise machines on the ISS, and by exercising with these machines, the ISS crew members can ⬚③⬚ even in zero-gravity conditions.

Getting enough nutrition through meals is also important for the ISS crew members. The crew members have three meals a day just as we (B) do so on the Earth. However, their meals look different ⬚④⬚ ours. Space foods are usually in special bags or cans. Some space foods are dried, so the crew members need to add cold or hot water before eating them. When they drink something on the ISS, they must use a straw. (C) If they don't, the drink will float away and damage the machines around them. In spite of such differences, space food has greatly improved for the last twenty years. Many astronauts say that the space foods they eat on the ISS are similar ⬚⑤⬚ the foods they eat on the Earth. During their stay on the ISS, the crew members fill out forms to report everything they have eaten each day. Experts on the Earth check them and give the crew members advice to get enough nutrition through their meals.

（注）satellite 人工衛星　in fact 実際　crew member 乗組員
every ～ months ～月ごとに　keep A in a ～ condition　A を～の状態に保つ
unexpected 予期せぬ　make sure 確かめる　gravity 重力　strength 力
muscle 筋肉　bone 骨　physical 肉体の　zero-gravity 無重力　nutrition 栄養
dried 乾燥した　straw ストロー　float 漂う　in spite of ～　～にもかかわらず
fill out a form　（入力用）フォームに記入する　expert 専門家

(1)　本文中の'From the Earth, it 　①　 moving very fast.' が，「地球からだと，それはとても速く移動する明るい星のように見えます。」という内容になるように，解答欄の＿＿に**英語5語**を書き入れ，英文を完成させなさい。

　　　From the Earth, it ＿＿＿＿＿＿＿＿＿＿＿＿＿＿＿＿＿＿＿＿＿＿ moving very fast.

(2)　本文中の 　②　 が，「これらの理由から，ISS の全ての乗組員は ISS の全ての機器の使い方を知っておかなければなりません。」という内容になるように，次の〔　　〕内の語を並べかえて解答欄の＿＿に英語を書き入れ，英文を完成させなさい。

　　　For these reasons, every ISS crew member〔how　　must　　use　　to　　know〕all the machines on the ISS.

　　　For these reasons, every ISS crew member ＿＿＿＿＿＿＿＿＿＿＿＿＿＿＿＿＿ all the machines on the ISS.

(3)　次のうち，本文中の(A) this problem の表している内容として最も適しているものはどれですか。一つ選び，記号で答えなさい。(　　　)

　　ア　国際宇宙ステーションに滞在中は，自由に運動することができないこと。

　　イ　宇宙飛行士には不慮の事故にもすばやく対応できる判断能力が求められること。

　　ウ　無重力状態で長期間滞在していると，筋肉や骨が弱くなりやすいこと。

　　エ　宇宙食だけでは十分な栄養がとれず，体力が落ちてしまうこと。

(4)　本文中の 　③　 に入れるものとして最も適しているひとつづきの**英語2語**を，本文中から抜き出して書きなさい（　　　　　　　　　　）

(5)　本文中の(B) do so の表している内容に当たるものとして最も適しているひとつづきの**英語5語**を，本文中から抜き出して書きなさい。(　　　　　　　　　　　　　)

(6)　次のうち，本文中の 　④　 ， 　⑤　 に入れるのに最も適しているものはどれですか。それぞれ一つ選び，記号で答えなさい。④(　　　)　⑤(　　　)

　　④　ア　from　　イ　to　　ウ　off　　エ　with

　　⑤　ア　into　　イ　with　　ウ　from　　エ　to

(7)　本文中の(C) If they don't の後に省略されている**英語3語**を，本文中から抜き出して書きなさい。

　　　　　　　　　　　　　　　　　　　　　　(　　　　　　　　　　)

(8)　次のうち，本文で述べられている内容と合うものはどれですか。**二つ選び**，記号で答えなさい。

　　　　　　　　　　　　　　　　　　　　　　(　　　)(　　　)

　　ア　The ISS is flying above the Earth so fast that it cannot be seen with our eyes.

　　イ　The machines on the ISS are taken care of by the crew members every day.

　　ウ　The ISS crew members are very busy, so they don't have enough time to exercise every day.

　　エ　The ISS crew members can have only the foods and drinks that nutrition experts choose.

　　オ　The foods the crew members eat on the ISS are not as good as the foods they eat on the Earth.

　　カ　Astronauts stay in space for months, so it has bad influences on their physical strength if they don't exercise.

3 次の英文を読んで，あとの問いに答えなさい。

Do you like chocolate? As you know, chocolate is a sweet food made from cacao beans. Its color is usually brown but white chocolate is also well known. ⎿___①___⏌ Most children like eating it and many adults, too. Where do cacao beans come from? About 70% of the world's cacao is grown in Africa. You may be surprised to know that people around the world eat more than 3 million tons of cacao beans a year.

There are many kinds of sweets made from chocolate. Today, you can easily find them at supermarkets. One example is cake. Some cakes have a piece of chocolate on them. You may also see cakes which are made of chocolate. Hot chocolate is another example. In winter, it becomes very popular. Many people enjoy ⎿②⏌ types of chocolate food every day.

How did chocolate become popular around the world? It has a very long history. Actually, it didn't start as the sweet food which we enjoy today. The first chocolate was made by people in Mexico and Central America a long time ago. They used cacao beans to make a drink that didn't taste sweet. Some people thought that it was very important and they used it as medicine. Because it was very ⎿③⏌, poor people could not buy it. But the old kings could drink many cups of hot chocolate a day for their health.

When the Spanish arrived in Mexico and found chocolate, they thought it would bring them a lot of money if they could take it back to their country. So they took cacao beans to their country and tried to grow cacao trees. In the 16th century, Spanish people used sugar to make it delicious and sweet. They did not tell the people from other countries about their sweet drink for almost 100 years. After an Italian discovered this drink, it soon became very popular among other countries in Europe. In 1847, a British chocolate company made the first chocolate bar. Since then, it has become very easy for many people to get chocolate at stores.

In Japan, women give chocolate to men on February 14th. Usually, people in other countries send cards and flowers to show their love on Valentine's Day. Then, why do Japanese people give chocolate? Some people say that a department store started to sell chocolate as a Valentine's gift in 1958. Since then, the tradition of Valentine's Day chocolate has grown, and now Valentine's Day is one of the most famous events in Japan.

Some people think that chocolate is bad for the health. If you eat too much, it causes a lot of health problems, and you may need to go to see a doctor or dentist. However, it is not so ⎿④⏌ to eat if you are careful. Doctors say that when you eat chocolate, you will be more active and you can think more clearly. Also, eating chocolate can improve your feelings and make you happy. For these reasons, you don't have to be so afraid of its bad effects.

（注） cacao カカオ　　ton トン（重さの単位）　　Mexico メキシコ　　Central 中央の
British イギリスの　　chocolate bar チョコレートバー
Valentine's Day バレンタインデー　　effect 効果

(1) 本文中の　①　が,「チョコレートは世界で最も人気のある食べ物の一つです。」という内容になるように, 次の〔　〕内の語を並べかえて解答欄の＿＿に英語を書き入れ, 英文を完成させなさい。

Chocolate is 〔popular　　the　　one　　most　　of〕 foods in the world.

Chocolate is ＿＿＿＿＿＿＿＿＿＿＿＿＿＿＿＿＿＿＿＿ foods in the world.

(2) 本文の内容から考えて, 次のうち, 本文中の　②　～　④　に入れるのに最も適しているものはどれですか。それぞれ一つ選び, 記号で答えなさい。②(　　) ③(　　) ④(　　)

②　ア　difficult　　イ　different　　ウ　two　　エ　twice

③　ア　hot　　イ　sweet　　ウ　expensive　　エ　cheap

④　ア　nice　　イ　nervous　　ウ　safe　　エ　dangerous

(3) 次の問いに対する答えとして最も適しているものはどれですか。それぞれ一つ選び, 記号で答えなさい。

①　Why did Spanish people decide to take cacao beans to their country? (　　)

　ア　Because they thought that they could use chocolate as money in their country.

　イ　Because they thought that they could use cacao beans as medicine.

　ウ　Because they thought that they would make a lot of money.

　エ　Because they wanted to be very popular around the world.

②　What is one of the good points of eating chocolate? (　　)

　ア　You don't have to take any medicine.

　イ　You don't have to go to see a doctor or dentist.

　ウ　You can hear anything clearly.

　エ　You will feel better.

(4) 次のうち, 本文で述べられている内容と合うものはどれですか。三つ選び, 記号で答えなさい。

(　　)(　　)(　　)

　ア　A lot of adults are surprised to know that people in the world eat more than 30,000,000 tons of cacao beans every year.

　イ　A long time ago, people in Mexico and Central America made a drink which wasn't sweet by using cacao beans.

　ウ　In the old days, chocolate was used as medicine.

　エ　Spanish people didn't have their drink with sugar for almost 100 years.

　オ　Italian people thought that it was a good idea to drink hot chocolate without sugar.

　カ　A Japanese chocolate company sold chocolate bars for poor people in the 19th century.

　キ　In Japan, giving chocolate on February 14th became popular after a department store began to sell it as a gift.

　ク　When you eat chocolate, you should follow the doctor's advice.

4 次の英文を読んで，あとの問いに答えなさい。

Have you ever been to a zoo? Of course, yes! When you go to the zoo, you can enjoy watching many kinds of animals from many parts of the world. You may think that they are all happy and have no problems. However, do you know some animals are in trouble? One of them is "gorillas." Gorillas in the zoo look strong, ① actually they are endangered. You may not be able to see them in the future. Especially, mountain gorillas are one of the most endangered kind of animals in the world.

Mountain gorillas can only be found in two parts of Africa. The first part is Bwindi Forest National Park and the second part is Virunga Conservation Area. Only about 880 mountain gorillas are left in the wild. Mountain gorillas have Ⓐthree big problems.

First, mountain gorillas live in natural forests. They eat leaves, vegetables, bamboo and other plants in the mountains. But people Ⓑclear forests in the mountains to build houses and make farms. They also harvest trees to make charcoal, and it is used for cooking and heating. It is illegal to clear forests, but more than 30 km^2 of the forests is destroyed every year in Virunga National Park.

Second, mountain gorillas can get sick. ② , the common cold is sometimes dangerous to gorillas. When tourists visit the national parks, they can give Ⓒit to gorillas. Gorillas live in family groups and help each other. ③ Then almost all the gorillas in the group may die.

Third, soon after mountain gorillas were found in 1903, scientists and hunters from Europe and America killed over 50 mountain gorillas. Today killing animals in their mountains is illegal but hunting wild animals continues. Usually hunters set traps to catch other wild animals, not gorillas. But gorillas are sometimes caught and injured in those traps. The gorilla may die or lose a hand or foot because of this. Sometimes people hunt gorillas for food or to sell. Body parts are sold to researchers and baby gorillas are sold to people as pets.

How can we save the mountain gorillas? There are two projects to help gorillas. One is Gorilla Trekking. On this tour, people can see gorillas in the mountain forests. Tourists have to pay some money and this money is used to protect gorillas. The other project is education project. It teaches local people about the importance of protecting gorillas and making their environment better.

People in Africa are working hard to help gorillas. What can you do?

（注） gorilla　ゴリラ　　endangered　絶滅の危機にさらされている

　　　Bwindi Forest National Park　ブウィンディ森林国立公園

　　　Virunga Conservation Area　ヴィルンガ保全地域　　bamboo　竹　　wild　野生（の）

　　　harvest　収穫する　　charcoal　炭　　heating　暖房　　illegal　不法な

　　　Virunga National Park　ヴィルンガ国立公園　　hunter　猟師　　traps　わな

　　　Trekking　トレッキング（山歩き）　　importance　重要性

(1) 次のうち，本文中の ① ， ② に入れるのに最も適しているものはどれですか。それぞれ一つ選び，記号で答えなさい。ただし，文頭の語も小文字にしています。①(   ) ②(   )

 ア also イ but ウ at first エ for example

(2) 次のうち，本文中の④ three big problems の表している内容に当たるものの組み合わせとして，最も適しているものはどれですか。一つ選び，記号で答えなさい。(   )

 ア 生息地の減少・病気・グループ内闘争 イ 生息地の減少・病気・密猟

 ウ 個体数の増加・悪習慣・密猟 エ 個体数の増加・悪習慣・グループ内闘争

(3) 本文の内容から考えて，次のうち，本文中の⑧ clear の意味として，最も適しているものはどれですか。一つ選び，記号で答えなさい。(   )

 ア build イ eat ウ cut エ help

(4) 本文中の© it の表している内容に当たるものとして最も適しているひとつづきの**英語3語**を本文中から抜き出して書きなさい。(   )

(5) 本文中の ③ が，「もしもいくらかの構成員が同時に死ねば，そのグループが生き残ることは難しいです。」という内容になるように，次の〔   〕内の語を並べかえて解答欄の＿＿に英語を書き入れ，英文を完成させなさい。

 If some members die at the same time, it is 〔to for group the difficult〕 survive.

 If some members die at the same time, it is ＿＿＿＿＿＿＿＿＿＿＿＿＿＿＿ survive.

(6) 次の問いに対する答えとして最も適しているものはどれですか。それぞれ一つ選び，記号で答えなさい。

 ① Where do mountain gorillas live? (   )

  ア America イ Africa ウ Japan

 ② How many mountain gorillas are there in the wild? (   )

  ア 50 イ 150 ウ 880

 ③ What is charcoal used for? (   )

  ア cooking イ drawing pictures ウ protecting animals

(7) 本文の内容と合うように，次の問いに対する答えを英語で書きなさい。

 Why does Gorilla Trekking help mountain gorillas?

 (   )

(8) 次のうち，本文で述べられている内容と合うものはどれですか。**二つ選び**，記号で答えなさい。

                   (   )(   )

 ア Education project is not important for protecting gorillas.

 イ Gorilla forests are getting smaller.

 ウ People saw mountain gorillas in the zoos before 1903.

 エ Mountain gorillas eat only meat.

 オ Some people keep gorillas as pets.

5 次の英文を読んで，あとの問いに答えなさい。

Hello, everyone. I'll talk to you about water today. Everything on the earth needs water. No plant, no animal, and no human can live without water. In some parts of the world, there's a lot of water. In other parts, there isn't enough water. This makes life very difficult. For example, in Japan we can use water when we need it, but it is very difficult to get enough water in some countries in Africa. Today, many people are ___①___ to give a lot of water to them.

___②___ About 70% of fresh water is used for farming, 20% for industry, and 10% for home. A lot of water is used for farming. Farmers grow most of the crops that we eat. For example, sugar cane, corn, rice, and wheat are the world's main crops. ［ア］ Farmers also grow vegetables and fruits. Some farmers raise animals to get meat such as beef. Farmers give many different kinds of food to us. ［イ］ Farmers need a lot of water to grow crops and raise animals. ［ウ］ In some places in Africa, people can't grow crops and raise animals because the weather is too hot and dry. ［エ］

In industry, we use water to help machines to work. We use a lot of water in Japanese factories to make the things that we need and enjoy. But in some places in Africa, they can't build any factories because they have no water to cool down or wash the things that they make.

Water is also important at home. We drink water. We use water to wash our bodies, clothes and dishes. We also use water when we flush the toilet. And the water must be clean. If we drink or touch dirty water, we can get very sick. We need【 A 】water to keep our health. People in Japan are lucky ___③___ we all have enough clean water that we need. We use chemicals to【 B 】dirty water that people have used. In some countries in Africa, people have no clean water. Every day, they have to use dirty water for cooking, drinking, and washing. Drinking dirty water makes them get sick.

In Africa many people work to give water for farming and industry, and for home. Most of the fresh water that people use comes from rivers, lakes, or under the ground. People build reservoirs to store this water. They also use pipes to take it to different places. Volunteers sometimes work with local people to build wells to give water to families in Africa. (A)They also help to keep clean water in wells. Now scientists are even making seeds that can grow with little water.

It's important for us to know the fact that people in Africa can't use enough water. We all can help to save water. Don't use too much water when you wash your hands and face, brush your teeth, and wash the dishes. Turn off the water when you don't use it. When you take a bath, you should reuse water in the bathtub. Water is the thing we all need. In some places there is enough water, but in other places there isn't. (B)This is not fair. We must help each other. Now let's begin to save water. Thank you.

大阪府公立高入試

対策問題集

各分野に特化した対策問題集で **得点を伸ばす！**

発売中 **大阪府公立高入試　数学 B・C 問題**
図形対策問題集 改訂版

B5判　定価 1,320円（税込）　ISBN：9784815435578

数学B問題・C問題において、図形は全体配点に占める割合が大きく、点数の差がつきやすい単元です。図形のみにクローズアップして作成した本書は図形を得点源にするための対策問題集です。

平面図形、空間図形では「入試のポイント」「基本の確認」「難易度別演習」を掲載。「相似」「三平方の定理」「円周角の定理」を含む図形の応用も徹底演習できます。

発売中 **大阪府公立高入試　英語 C 問題**
対策問題集 改訂版

B5判　定価 1,320円（税込）　ISBN：9784815435561

英語 C 問題では、問題文を含めすべて英語で構成されています。また、問題も難易度の高いものが多く出題されています。

英語C問題に特化したGrammar（文法）、Reading（読む）、Writing（書く）、Listening（聞く）問題を集中して学習できます。

リスニング音声（WEB 無料配信）

NEW **大阪府公立高入試　英語 B 問題**
対策問題集

B5判　定価 1,320円（税込）　ISBN：9784815441579

過去の出題を徹底分析し、英語 B 問題の出題傾向に焦点をしぼった問題集です。「会話文」「長文総合」「英作文」「リスニング」の各分野について B 問題の傾向や難易度に合わせた演習ができます。

リスニング音声（WEB 無料配信）　**2024年 7月中旬発刊予定**

NEW

大阪府公立高入試　国語 C 問題
対策問題集

B5判　定価 1,100円（税込）　ISBN：9784815441586

傾向に合わせて国語の知識、長文読解、古文、作文の演習問題を厳選。
ワンランク上の読解力、表現力を鍛えます。

 国語 C 問題では、作文や記述量の多さがポイントです。

2024年 7月中旬発刊予定

NEW

大阪府公立高入試　社会
形式別対策問題集

B5判　定価 1,100円（税込）　ISBN：9784815441593

大阪府公立高（一般入学者選抜）で得点アップを目的とした問題集
です。過去の正答率を基に分析し、特に取りこぼしやすい形式の問題
を集めました。

 「統計資料の読み取り」や「短文記述」など、対策必須の
問題を収録しています。

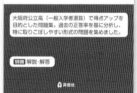

2024年 7月中旬発刊予定

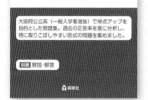

NEW

大阪府公立高入試　理科
形式別対策問題集

B5判　定価 1,100円（税込）　ISBN：9784815441609

大阪府公立高（一般入学者選抜）で得点アップを目的とした問題集
です。過去の正答率を基に分析し、特に取りこぼしやすい形式の問題
を集めました。

 必須の「知識問題」から「表・グラフの読み取り」、さら
には「考察問題」や「新傾向問題」まで幅広く網羅して
います。

2024年 7月中旬発刊予定

✧✧ **好評につき4点新刊** ✧✧
対策問題集 全6点発売！

（注）　fresh water　真水（塩分などを含まない水）　　farming　農業　　industry　工業

crop　作物　　sugar cane　サトウキビ　　wheat　小麦　　raise　育てる

cool down　冷却する　　flush the toilet　トイレの水を流す　　chemical　化学薬品

reservoir　貯水池　　pipe　水道管　　well　井戸　　reuse　再利用する　　bathtub　浴槽

fair　公平な

(1)　本文中の　①　に入れるのに最も適しているものはどれですか。一つ選び，記号で答えなさい。

（　　　）

ア　help　　イ　helping　　ウ　to help　　エ　to helping

(2)　本文中の　②　が，「どのようにして真水は世界中の人々に使われているのでしょうか。」
という内容になるように，次の〔　　〕内の語を並べかえて解答欄の＿＿に英語を書き入れ，英
文を完成させなさい。

How is fresh water〔the　　people　　used　　around　　by〕world?

How is fresh water ＿＿＿＿＿＿＿＿＿＿＿＿＿＿＿＿＿＿＿＿＿＿＿＿＿ world?

(3)　本文中には次の英文が入ります。本文中の　ア　～　エ　から，入る場所として最も適している
ものを一つ選び，記号で答えなさい。（　　　）

This means that they don't have enough food.

(4)　本文中の【　A　】【　B　】に共通して入る c で始まる英語を本文中より1語抜き出しなさい。

（　　　）

(5)　本文の内容から考えて，次のうち，本文中の　③　に入れるのに最も適しているものはどれで
すか。一つ選び，記号で答えなさい。（　　　）

ア　or　　イ　however　　ウ　but　　エ　because

(6)　本文中のⒶTheyの表している内容に当たるものとして最も適している**英語1語**を，本文中か
ら抜き出して書きなさい。（　　　）

(7)　次のうち，本文中のⒷThisの表している内容として最も適しているものはどれですか。一つ選
び，記号で答えなさい。（　　　）

ア　水を節約するために助け合うこと　　イ　浴槽の水を再利用すること

ウ　水が十分ある場所とそうでない場所があること　　エ　たくさんの水を使ってはいけないこと

(8)　次のうち，本文で述べられている内容と合うものはどれですか。二つ選び，記号で答えなさい。

（　　　）（　　　）

ア　Farmers need to use a lot of water to raise crops.

イ　More than 20% of water is used for home around the world.

ウ　Farmers grow only rice and vegetables.

エ　Farmers grow vegetables and fruits to raise animals.

オ　We can get clean water anywhere.

カ　Some scientists are making seeds that are able to grow with little water.

キ　You should not use water in the bathtub again.

6 次の英文を読んで，あとの問いに答えなさい。

　　You have studied English for about three years and now you know many English words. When you want to understand English words, you probably try to find Japanese words for Ⓐ them. For example, "*kuru*" for "come" and "*iku*" for "go."

　　Actually, it's not so simple. How do you say "I'll come and see you" in Japanese? Here "*iku*" is the Japanese word for "　①　." Or when a mother says to her child, "Breakfast is ready, Tim," he will answer from his room, "I'm coming!" Here again "*iku*" is the word for "come."

　　If you ask your American friend, "How many brothers and sisters do you have?" he may answer, "I have a sister." Ⓑ But the answer may not be good enough for you because you always want to know whether a "sister" is an older sister or a younger sister. So you'll ask, "Older or younger?"

　　In Japanese the old-young difference is very important in your everyday life.

　　You speak politely to your "*senpai*," even if he or she is only a year older than you. 　②　

　　Each culture uses its language to divide up the world in a 《　A　》 way.

　　There are many expressions which are similar in English and Japanese: "Thank you" is "*Arigato*" and "I'm sorry" is "　③　." But actually "Thank you" or "Thanks" is used more often in English than "*Arigato*" is used in Japanese. It may be better to use "Thank you" in English when you say "I'm sorry" in Japanese. But you must remember that "　③　" has also other meanings.

　　Here is another example of similar expressions. When do you say "*Sumimasen*" in your everyday life? When you apologize, you say, for example, "*Sumimasen*, I didn't do my homework." "*Sumimasen*" means "　④　" in this case.

　　How about in a restaurant? You'll ask, "*Sumimasen*, can I have a glass of water, please?" In this case, "*Sumimasen*" is "　⑤　" in English.

　　You also say "*Sumimasen*" to thank people. Here you should say "　⑥　" and not "I'm sorry."

　　There are very similar situations in English and Japanese conversation. It's interesting to compare what we say in each language. 　⑦　 Both Japanese and English speakers want to help their friends, but they encourage their friends in 《　A　》 ways. When you are studying hard for an exam, your American friend will say, "Don't study too hard." But you should not stop studying. Your friend is only trying to encourage you.

　　When you start learning a foreign language, you use a filter, the Japanese way of thinking; you learn a foreign language through the Japanese way of thinking. As you learn about the foreign language, you will gradually learn a 《　A　》 way of thinking, so your filter will become more flexible. This is an important goal in learning a foreign language.

（注）　whether ～ or …　～か…か　　politely　ていねいに　　divide up　分ける

expression　表現　　apologize　謝る　　filter　フィルター　　gradually　だんだんと

flexible　柔軟な

(1)　本文中の⒜ them の表している内容に当たるものとして最も適しているひとつづきの**英語２語**を，本文中から抜き出して書きなさい。（　　　　　　　　　　）

(2)　本文の内容から考えて，次のうち，本文中の　①　，　③　，　④　，　⑤　，　⑥　に入れるのに最も適しているものはどれですか。それぞれ一つ選び，記号で答えなさい。

①（　　　）　③（　　　）　④（　　　）　⑤（　　　）　⑥（　　　）

①　ア　go　　イ　leave　　ウ　come　　エ　see

③　ア　*Arigato*　　イ　*iku*　　ウ　*Sumimasen*　　エ　*Ganbatte*

④　ア　I'm sorry　　イ　Pardon?　　ウ　Excuse me　　エ　Thank you

⑤　ア　I'm sorry　　イ　Pardon?　　ウ　Excuse me　　エ　Thank you

⑥　ア　I'm sorry　　イ　Pardon?　　ウ　Excuse me　　エ　Thank you

(3)　次のうち，本文中の⒝ But the answer may not be good enough for you の理由として最も適しているものはどれですか。一つ選び，記号で答えなさい。（　　　）

ア　十分に理解ができる答えだから。

イ　事実を隠すためにごまかされるから。

ウ　自分の話をあまり聞いてもらえないから。

エ　知りたいことがはっきりとはわからないから。

(4)　本文中の　　②　　が，「例えば，日本語では『山本先輩』と言いますが，英語ではファーストネームを使うことが正しいです。」という内容になるように，次の〔　　〕内の語を並べかえて解答欄の＿＿＿に英語を書き入れ，英文を完成させなさい。

For example, you say "Yamamoto-senpai" in Japanese, but in English〔to　　use　　is　　right　　it〕his or her first name.

For example, you say "Yamamoto-senpai" in Japanese, but in English ＿＿＿＿＿＿＿＿＿＿

＿＿＿＿＿＿＿＿＿＿＿＿＿＿＿＿ his or her first name.

(5)　本文中の　　　　⑦　　　　に，次の(ⅰ)～(ⅲ)の英文を適切な順序に並べかえ，前後と意味がつながる内容となるようにして入れたい。あとのア～エのうち，英文の順序として最も適しているものはどれですか。一つ選び，記号で答えなさい。（　　　）

(ⅰ)　In Japanese, you'll probably say "*Ganbatte.*"

(ⅱ)　For example, if your friend is going to take an exam, what will you say?

(ⅲ)　On the other hand, we often say "Take it easy" or "Good luck" in English.

　　ア　(ⅰ)→(ⅱ)→(ⅲ)　　イ　(ⅱ)→(ⅰ)→(ⅲ)

　　ウ　(ⅱ)→(ⅲ)→(ⅰ)　　エ　(ⅲ)→(ⅰ)→(ⅱ)

(6)　本文中の《　A　》にはすべて同じ語が入ります。《　A　》に入れるのに最も適している**英語１語**を答えなさい。（　　　）

7 ニール・アームストロング（Neil Armstrong）とアポロ計画（Apollo Program）について書かれた次の英文を読んで，あとの問いに答えなさい。

Have you ever heard of Neil Armstrong? He ① walked on the Moon on July 20, 1969. He traveled to the Moon with two other astronauts, Edwin Buzz Aldrin and Michael Collins, on Apollo 11, an American spaceship. Armstrong was the leader of the spaceship. After Armstrong, Aldrin walked on the Moon. Collins did not go down to the Moon. He stayed in the spaceship around the Moon. He waited for the two astronauts until they came back from the Moon to the spaceship.

Many people around the world watched the Moon landing on TV. They were ② by the amazing success of science and became very happy when the astronauts came back to the Earth safely without any accident. They respected the astronauts' courage, knowledge and skills and also understood the high level of science of the U.S.

When Armstrong walked on the Moon for the first time, he said, "That's one small step for a man, one giant leap for mankind." These words mean that Armstrong's first step on the Moon is only a small step, but it is a very big progress for all the people in the world.

Apollo 11 was one of the spaceships built in the Apollo Program of the U.S. from 1961 to 1972. On May 25, 1961, President John F. Kennedy said that the nation should promise to land a man on the Moon and return him safely to the Earth before 1970. Finally, the U.S. did it by using Apollo 11 in 1969.

After Apollo 11, six spaceships left the Earth for the Moon. Five of them landed on the Moon but one didn't. This one was named Apollo 13. It had a big accident and couldn't reach the Moon. The people working for the Apollo Program tried very hard to bring back the Apollo 13 astronauts safely to the Earth. ③ Finally, they returned to the Earth and no one died. For this reason, the Apollo 13 program was called a "successful failure."

In December, 1972, Apollo 17 went to the Moon and it was the last spaceship to land on the Moon. From 1969 to the end of 1972, six spaceships, in total, landed on the Moon successfully and twelve men, in total, walked on the Moon. They brought about 380 kilograms of stones, rocks and others back to the Earth. Later, scientists found that the stones and rocks were 3,200,000,000 to 4,600,000,000 years old. That means some of them are as old as the sun. We cannot find such old stones or rocks on the Earth because wind, rain, ice and earthquakes have kept breaking and changing the surface of the Earth. We can use the stones and rocks from the Moon to study about the history of the Moon, the Sun and the Earth.

The Apollo Program needed a lot of new technologies like new computers, new communication systems, new clothes and new foods for astronauts. Such new technologies have changed the life of people. Also, the Apollo astronauts took a lot of pictures of the Earth from the Moon and space. These pictures, especially "the Blue Marble" picture, moved people's feelings very much. People saw the pictures and began to think more about the Earth, its nature and the environment. "The Blue Marble" is one of the most beautiful and famous pictures of the Earth from space.

The Apollo Program had a big influence on people's way of living and thinking, so the first step on the Moon was really "a giant leap for mankind." Armstrong was right.

（注）　Edwin Buzz Aldrin　エドウィン・バズ・オルドリン　　Michael Collins　マイケル・コリンズ

spaceship　宇宙船　　safely　無事に　　knowledge　知識　　giant leap　大きな跳躍

mankind　人類　　progress　進歩　　John F. Kennedy　ジョン・F・ケネディ

failure　失敗　　successfully　成功して　　surface　表面

the Blue Marble　ザ・ブルー・マーブル，青いビー玉（写真の名前）

(1)　本文中の'He ［　①　］ walked on the Moon on July 20, 1969.'が，「彼は 1969 年の 7 月 20 日に月面を歩いた最初の男性でした。」という内容になるように，解答欄の＿＿に**英語 5 語**を書き入れ，英文を完成させなさい。

He ＿＿＿＿＿＿＿＿＿＿＿＿＿＿＿＿＿＿＿＿＿＿ walked on the Moon on July 20, 1969.

(2)　次のうち，本文中の ［　②　］ に入れるのに最も適しているものはどれですか。一つ選び，記号で答えなさい。（　　　）

ア　excite　　イ　exciting　　ウ　excited　　エ　to excite

(3)　本文の内容から考えて，次のうち，本文中の ［　③　］ に入れるのに最も適しているものはどれですか。一つ選び，記号で答えなさい。（　　　）

ア　The astronauts did their best to come back, too.

イ　The astronauts didn't want to come back from the Moon.

ウ　The astronauts also tried to come back, but they couldn't.

エ　The astronauts could go back to the Moon.

(4)　次のうち，本文で述べられている内容と合うものはどれですか。三つ選び，記号で答えなさい。

（　　　）（　　　）（　　　）

ア　Collins was not respected by the people on the Earth because he did not go down to the Moon.

イ　The U.S. kept President Kennedy's promise before the year of 1970 began.

ウ　Apollo 13 had a big accident, so the U.S. stopped the Apollo project after Apollo 17.

エ　Twelve astronauts got on the last spaceship to land on the Moon and all of them landed on the Moon successfully.

オ　Since the beginning of 1973, no astronauts have been to the Moon.

カ　The Moon stones and rocks can tell us about very old days of the Moon, the Sun and the Earth.

キ　After the Apollo Program, people around the world began to eat space food in their life every day.

ク　The Apollo astronauts took many pictures of the Earth and told people to think about it.

8 次の英文を読んで，あとの問いに答えなさい。

Most rain forests grow in countries with very hot, wet weather all through the year. Today there are large rain forests in Asia, in Africa, and in South America. The ①　 one of these — 58% of the world's rain forest — is around the Amazon Basin.

But a rain forest is not only trees. It is a wonderful world. Every square kilometer has a lot of plants, birds, and animals. There is more life in a rainforest than in any other place. There are between 10,000,000 and 80,000,000 different kinds of animals and plants in the world's rain forests. ⒶNobody really knows the number and most of them have no names. But maybe 90% of all the plants and animals in the world live there.

You can walk for an hour in the rain forest and see about 750 kinds of trees. Every tree is a home, and food, for many animals and birds.

Think of a tall building with a lot of floors. Some people live on the first floor. Other people live on the top floor. The forest has floors, too. Different plants and animals have their homes on the different floors.

From a plane, you see only the thick, green leaves of the trees, forty or fifty meters above the ground. Here, high above the forest floor the trees have their flowers and fruits — but not all at the same time of the year. Every tree has its time. The forest is always green. The leaves fall slowly through the year. Hundreds of birds, of beautiful colors, live in the trees. Many small animals live there, too. They climb and jump from tree to tree. Many of Ⓑthem never go down to the ground.

Every tree in the rain forest grows up to the sunlight. Under the thick, green leaves there is not much light. It is dark and wet all the time. When a big tree falls, the small trees grow quickly up to the light. Here we also find many long, thin plants. Some climb around the trees up to the light. Thousands of small plants grow on the trees, too. Their roots grow into the wood — or around it, in the air. Other plants send roots down to the ground.

On the forest floor under the trees, it is always wet and dark. Often, the trees stand in water for many months of the year. The ground is thick with dead leaves and plants. Fruits and seeds fall from the trees and grow in the soil. New plants grow and climb. Most of them die, but a small number grow tall. Large animals live here on the forest floor. Some kinds of plants grow here all the time, too. They like this dark, wet world.

There are 3,000 or more fruits in the rain forests of the world. People in Europe and the US use only about two hundred of Ⓒthem. Rain forest plants give us many of our everyday foods — fruits and vegetables, coffee, tea, and chocolate. Today, we grow these on farms in many countries, but they came first from the rain forests.

The Indians of the forest use more than 2,000 of its plants. They grow them on their small farms around their houses and they take them to the forest. They also plant fruit trees and go back to them year after year.

There are also thousands of plants without names in the rain forests today. Will they be new, cheap foods for the world? Maybe — maybe not. The rain forests are getting 　②　 ; and we are losing many hundreds of kinds of plants every year.

When we have an illness, we go to the doctor. 　③　 They say that there is a possible use for about 10% of them. But the plants of the rain forests are disappearing fast before we can try them.

People sometimes ask, "Why are rain forests important?"

This is one very good answer — for food and medicines, now and in the future.

（注） rain forest　熱帯雨林　　South America　南米　　Amazon Basin　アマゾン盆地

square kilometer　平方キロメートル　　sunlight　太陽の光, 日光　　thin　細い

root　根　　Indians　原住民　　illness　病気

(1) 本文の内容から考えて, 次のうち, 本文中の 　①　 , 　②　 に入れるのに最も適しているものはどれですか。それぞれ一つ選び, 記号で答えなさい。①(　　　) ②(　　　)

① ア newest 　イ largest 　ウ deepest 　エ smallest

② ア newer 　イ larger 　ウ deeper 　エ smaller

(2) 本文中の⒜Nobody really knows the number and most of them have no names.を日本語に直しなさい。(　　　　　　　　　　　　　　　　　　　　　　　　　　　　)

(3) 本文中の下線部⒝と⒞の them がそれぞれ表している内容に当たるものとして最も適している英語を, 本文中から抜き出して書きなさい。ただし, ⒝は2語, ⒞は1語の英語で書くこと。

⒝(　　　　　) ⒞(　　　　　)

(4) 本文中の 　③　 に, 次の(i)～(iii)の英文を適切な順序に並べかえ, 前後と意味がつながる内容となるようにして入れたい。あとのア～エのうち, 英文の順序として最も適しているものはどれですか。一つ選び, 記号で答えなさい。(　　　　　)

(i) We get medicines for different illnesses.

(ii) Doctors are finding new medicines every year in these plants.

(iii) About 25% of the medicines in the world come from rain forest plants.

ア (i) → (ii) → (iii)　　イ (i) → (iii) → (ii)

ウ (ii) → (i) → (iii)　　エ (ii) → (iii) → (i)

(5) 次のうち, 本文で述べられている内容と合うものはどれですか。三つ選び, 記号で答えなさい。

(　　　)(　　　)(　　　)

ア A rain forest is only trees.

イ From a plane, you can see many animals in the rain forest.

ウ The rain forests are not disappearing.

エ We get medicines from the rain forests.

オ All plants in the rain forest have names.

カ Rain forest plants give us fruits and vegetables, coffee, tea, and chocolate.

キ Indians use more than 2,000 rain forest plants.

9 次の英文は，中学生の健太（Kenta）が，アリ（ant）の研究を通して学んだことについて，英語の授業でスピーチをしたときのものです。(1)～(6)の問いに答えなさい。　　　　　　（岐阜県）

Do you like insects? I'm sure some of you don't like them. But I have been very interested in them since I was little. I kept many different kinds of insects when I was an elementary school student. One day, I found a book about ants in my city library. The book taught me a lot of interesting facts about them. Since then, I have enjoyed watching them and have learned more about them from the Internet. Today, I'd like to talk about ants.

You can find ants in many places around you in daily life, right? In Japan, there are about 280 different kinds of ants. And in the world, there are more than 10,000 different kinds of ants. Ants are called 'social insects' because they live together and each of them has its own role in the colony. "Colony" means a group of ants.

There are three kinds of ants — queen ants, worker ants and male ants — in the colony. Now I'm going to tell you about the characteristics of each ant. Look at the picture. The first one is a queen ant. There is usually one queen ant in each colony. It has wings and it is bigger than the other ants. It lays a lot of eggs. The next one is a worker ant. There are a lot of worker ants in the colony and all worker ants are female. They do almost all the work. Usually, young worker ants work in the nest. They take care of their babies, keep their nest clean and make their nest bigger. Some of them protect their colony from enemies. Old worker ants find food and bring it back to the nest. The last one is a

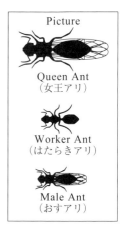

Picture
Queen Ant（女王アリ）
Worker Ant（はたらきアリ）
Male Ant（おすアリ）

male ant. Male ants have wings like queen ants. They fly in the sky to mate with queen ants. This is the only job they do. Each ant does its own job and helps its colony.

There are some mysterious facts about ants. First, ants can return to their nest after they walk far away from it. How? They put pheromones on the ground when they are walking. And they learn which way（ ① ）by the pheromones. So, they never lose their way. They also use several pheromones for communication. They understand which ants come from the same colony by the pheromones. Second, some ants take care of the babies of one kind of butterfly. Why? The reason is that the babies give the ants a special juice. The juice is one of the ants' favorite foods. Both the ants and the butterflies benefit from each other. Even small insects live together and help each other. I think this is amazing.

One day my mother said to me, "We should learn from ants. I mean we should help each other to live better lives like ants." I think she is right. Ants know what to do to make their lives better. They even know how to live with different kinds of insects. My mother's words teach me that even small insects give us important ideas.

There are many people in the world. They have different cultures and speak different languages. If everyone tries to help each other like ants, (　②　). There are still many things I don't know about ants. So in the future, I want to be a scientist and study more about the wonderful world of ants and other insects. Thank you for listening.

（注）　insect：昆虫　　fact：事実　　social：社会性の　　role：役割　　characteristics：特徴

wing：羽根　　lay：産む　　female：めす　　nest：巣　　enemy：敵

mate with 〜：〜とつがいになる　　mysterious：不思議な　　pheromone：フェロモン

lose one's way：道に迷う　　butterfly：チョウ　　benefit：利益を得る

(1)　健太がアリに興味をもつようになった最初のきっかけを正しく表しているものを，本文の内容に即して，次のア〜エの中から一つ選び，その符号を書きなさい。(　　　)

ア　イ　ウ　エ

(2)　本文中の（　①　）に入れるのに最も適切なものを，次のア〜エの中から一つ選び，その符号を書きなさい。(　　　)

ア　to meet　　イ　to watch　　ウ　to go　　エ　to eat

(3)　本文中の（　②　）に入れるのに最も適切なものを，次のア〜エの中から一つ選び，その符号を書きなさい。(　　　)

ア　we must make a bigger nest for ants

イ　we will be able to make our world much better

ウ　we may become interested in other insects

エ　we should learn about ants in the colony

(4)　次の質問に対する答えを，本文の内容に即して，英語で書きなさい。ただし，解答欄の＿＿の部分には1語ずつ書くこと。

①　Has Kenta learned about ants from the Internet?

　　＿＿＿＿, he ＿＿＿＿.

②　What do the words of Kenta's mother teach Kenta?

　　They teach him that even small insects ＿＿＿＿ people ＿＿＿＿ ideas.

(5) 本文の内容に合っているものを，次のア～カの中から二つ選び，その符号を書きなさい。

( )( )

ア　Kenta wants to know how to become a science teacher at an elementary school.

イ　Ants are called 'social insects' because you can find them in daily life.

ウ　Queen ants and worker ants have wings and they fly in the sky.

エ　Ants use some pheromones for communication to understand each other.

オ　Worker ants and male ants protect queen ants and their colony.

カ　Some ants and one kind of butterfly live together and help each other.

(6) 次の英文は，健太のスピーチの後，あなたが授業で行うスピーチについて，ALT（外国語指導助手）と話をしているときのものです。□□□に入るあなた自身の考えを，理由を含めて，1文または2文の英語で書きなさい。

ただし，□□□内に示されている英語で文を始めること。

( )

ALT:　I understand how much Kenta likes ants. So, I think you also should talk about something that you are interested in. What are you most interested in and why?

You:　I

ALT:　I see. I'm looking forward to listening to your speech next time.

10 次の英文は，中学生の都（Miyako）が英語の授業で書いた作文である。これを読んで，問い(1)～(9)に答えよ。

　　This summer, I thought about *solar power and *electricity. During the summer vacation, I went to an event with my eleven-year-old brother. Some volunteers taught us how to make small solar cars there. We used a paper box for each car. We put a small *solar panel and four *wheels on the box. It also needed a small *motor to run. We put some pictures on the car to make it nicer. After we ①(finish), we went outside. We put the cars on the ground and watched them.【　A　】 When they got light from the sun, they started moving. Before this event, I only knew that the sun has power. In this event, I really understood that we can make electricity by using the power of the sun. I was very surprised. Our little solar cars really ran. It was ②a very exciting experience for me and my brother.

　　My house has some solar panels on its *roof. If they get light from the sun, they can make electricity. That electricity is used for the lights in my house and it is also used for making our rooms cool or warm. This makes our life very *comfortable. Solar panels help us a lot. 【　B　】 After the event about solar cars, I often see solar panels on the roofs of many houses in our town. Many people are using solar power.

　　I heard that people are thinking about the way to make electricity. ③A friend of my mother is trying to put more solar panels on *buildings in her town. When I visited her this summer, she told me about it. In that town, people usually use electricity from a big *power plant which is in another town. That electricity is made by using *limited *energy sources. Also, it is hard to send it when the power plant has *trouble. These are the problems which people in the town have.【　C　】 They want to make their electricity *by themselves to *solve these problems. Many people are working together as a team to do this. People living or working in the town and teachers who know much about solar power are the members of the team. Before, they didn't know each other well, but now, they talk a lot and help each other. They have the same goal. They have worked very hard to make their own electricity. From this experience, they learn more about electricity than before and ④[ア　made ／ イ　of ／ ウ　the importance ／ エ　understand ／ オ　electricity] by themselves.

　　Solar power is not limited and we will use it more in the future, but we have to look at some ⑤ points of using solar power, too. It is not perfect. For example, we need money to put solar panels on the roofs, and they may have trouble in the future. Also, they cannot make much electricity on cloudy days. If you have a lot of snow in winter, they cannot get light from the sun. These points are not good when you want electricity made by using solar power.

　　It is important to know that there ⑥(be) some different ways to make electricity. We can use energy sources which are not limited. 【　D　】 Wind power is another one. Now I understand that we can choose to use these kinds of energy sources for making our lives better. We will be able to use new *technology or find new energy sources in the future, too. Also, it is very important to learn about electricity from our own experiences. For example, I learned a lot about solar power at the event about solar cars. My mother's friend is trying very hard with other people to put more solar panels on buildings in her town. If you have experiences like these, you will be more interested in electricity and learn more about it. Now, I know that most of the electricity used in my house is made by using solar power. I don't want to forget how important the electricity we use is and I will study more about the different ways to make electricity.

(注) solar 太陽の，太陽光を利用した　　electricity 電気　　solar panel 太陽光発電用パネル
wheel 車輪　　motor モーター　　roof 屋根　　comfortable 快適な　　building 建物
power plant 発電所　　limited 限りある　　energy source エネルギー源
trouble トラブル　　by themselves 彼ら自身によって　　solve ～　～を解決する
technology 科学技術

(1) 下線部①(finish)・⑥(be)を，文意から考えて，それぞれ正しい形にかえて1語で書け。
　　①(　　　) ⑥(　　　)

(2) 次の英文を本文中に入れるとすればどこが最も適当か，本文中の【 A 】～【 D 】から1つ選べ。
　　　　　　　　　　　　　　　　　　　　　　　　　　　　　　　　　(　　　)

　　Solar power is one of them.

(3) 本文の内容から考えて，下線部②について述べたものとして最も適当なものを，次のア～エから1つ選べ。(　　　)
　ア　夏休みに，太陽光発電で動く車に弟と一緒に乗り，隣の町まで移動した体験。
　イ　夏休みに，太陽光発電で動く車に関するイベントを宣伝する活動に参加した体験。
　ウ　夏休みに，太陽光発電で動く車のレースを，弟と一緒に見学した体験。
　エ　夏休みに，太陽光発電で動く車の模型を自分たちで作り，実際に走らせた体験。

(4) 次の英文は，下線部③に関して説明したものである。これを読んで，下の問い(a)・(b)に答えよ。

　　The town of Miyako's mother's friend has a ［ⅰ］ to put more solar panels on the buildings. The members of the ［ⅱ］ didn't know each other well, but now, they talk and help each other. They are working very hard ［ⅲ］ they want to solve some problems about the electricity made in a big power plant which is in another town.

　(a) 本文の内容から考えて，［ⅰ］・［ⅱ］に共通して入る語として最も適当なものを，本文中から1語で抜き出して書け。(　　　)

　(b) 本文の内容から考えて，［ⅲ］に入る語として最も適当なものを，次のア～エから1つ選べ。
　　　　　　　　　　　　　　　　　　　　　　　　　　　　　　　　(　　　)

　ア　because　　イ　but　　ウ　if　　エ　so

(5) 下線部④の［　　　］内のア～オを，文意が通じるように正しく並べかえ，記号で書け。
　　　　　　　　　　　(　　　)→(　　　)→(　　　)→(　　　)→(　　　)

(6) 本文の内容から考えて, ⑤ に入る語として最も適当なものを, 次のア〜エから1つ選べ。

( )

ア bad イ cold ウ good エ perfect

(7) 本文の内容に合うように, 次の質問(a)・(b)に対する適当な答えを, 下の〈条件〉にしたがい, それぞれ英語で書け。

(a) What did Miyako do to make her small solar car nicer?

( )

(b) Does Miyako think she will study more about the different ways to make electricity?

( )

〈条件〉 ・(a)は5語以上9語以内で書くこと。

・(b)は3語で書くこと。

(8) 本文の内容と一致する英文として適当なものを, 次のア〜オから2つ選べ。( )( )

ア Miyako didn't know that the sun has power before the event about solar cars.

イ Miyako knows that the electricity made by solar panels makes her life comfortable.

ウ Miyako learned that people need more big power plants to make their lives better.

エ Miyako understands that people have some choices about making electricity.

オ Miyako doesn't think that people will be able to use new technology in the future.

(9) 次の英文は, この作文を読んだ実紀 (Miki) が留学生のベン (Ben) と交わしている会話の一部である。これを読んで, 下の問い(a)・(b)に答えよ。

Ben : After the event about solar cars, Miyako found i which have solar panels on their roofs. Many people are using solar power and they may think about electricity.

Miki : She started thinking about electricity and the way to make it through her own experience, right?

Ben : Right. Also, people in the town of her mother's friend learned about electricity by working together.

Miki : From these two examples, Miyako understood that ii .

Ben : Yes. I'm sure that she did. I think we should try many things to learn more.

(a) i に入る表現として最も適当な部分を, 本文中から2語で抜き出して書け。

( ) ( )

(b) ii に入る表現として最も適当なものを, 次のア〜エから1つ選べ。( )

ア it's difficult to work with other people to make the electricity which is used in the town

イ it's important to have experiences that make us more interested in something

ウ it's necessary to make our lives comfortable by making electricity in a big power plant

エ it's interesting to know about new things by using solar power in many different ways

Chapter3 英作文

1 留学生のケビン（Kevin）とあなた（You）が，次のような会話をするとします。あなたならばどのような話をしますか。あとの条件１・２にしたがって，（ ① ），（ ② ）に入る内容を，それぞれ英語で書きなさい。解答の際には記入例にならって書くこと。文の数はいくつでもよい。

You ： Hi, Kevin. We live in the same area. （ ① ）

Kevin： I come by train. How about you?

You ： I come by bike. It only takes thirty minutes. Why do you come by train?

Kevin： Because I can study or read a book on the train.

You ： Oh, I see. That's a good point about coming to school by train.

Kevin： Then let's meet at the station and go together tomorrow.

You ： Oh, I want to come by bike. （ ② ）

Kevin： Well, maybe that's a good point. Sometimes, I will come to school by bike.

〈条件１〉 ①に，どのように学校に来ているのかをたずねる文を，５語程度の英語で書くこと。

〈条件２〉 ②に，前後のやり取りに合う内容を，10語程度の英語で書くこと。

記入例
When is your birthday ?
Well , it's April 11 .

① _____

② _____

2 留学生のケイト（Kate）とあなた（You）が，次のような会話をするとします。あなたならばどのような話をしますか。あとの条件１・２にしたがって，（ ① ），（ ② ）に入る内容を，それぞれ英語で書きなさい。解答の際には記入例にならって書くこと。文の数はいくつでもよい。

Kate： There are a lot of poor countries in the world. I think Japan and Australia should send more people to those countries to help people there.

You ： （ ① ） Why do you think so?

Kate： Well, it is important to teach them many skills. They can use the skills for themselves. And they can also teach the skills to their children.

You ： I understand what you mean. Well, I think it's better to send money to poor countries in the world. （ ② ）

Kate： I understand your opinion. I think both have good points.

〈条件1〉　①に,「人を送ることが最も役に立つとあなたは考えています。」と伝える文を, 10 語程度の英語で書くこと。

〈条件2〉　②に, あなたの意見の理由を, 20 語程度の英語で書くこと。

```
┌─────────────────────────────────────────┐
│                  記入例                    │
│   When      is      your    birthday ?   │
│   Well  ,   it's    April     11   .     │
└─────────────────────────────────────────┘
```

①_____

②_____

　_____

3　留学生のマーク (Mark) とあなた (You) が, 次のような会話をするとします。あなたならばどのような話をしますか。あとの条件1・2にしたがって, (　①　), (　②　) に入る内容を, それぞれ英語で書きなさい。解答の際には記入例にならって書くこと。文の数はいくつでもよい。

You　：　In Japan, we usually wear uniforms in junior high and high school, but in some countries, students don't wear uniforms.

Mark：　You are right. In most schools in America, students don't wear uniforms.

You　：　Tell me the good point.

Mark：　We can choose the best clothes for the weather. When it is hot, we can choose T-shirt and feel better. (　①　)

You　：　I see.

Mark：　Then, what is a good point of wearing uniforms?

You　：　(　②　)

Mark：　It's true. Both have good points.

〈条件1〉　①に,「私はそれらの服が私たちの学校生活をよくすることができると思います。」と伝える文を, 10 語程度の英語で書くこと。

〈条件2〉　②に, 前後のやり取りに合う内容を, 30 語程度の英語で書くこと。

```
┌─────────────────────────────────────────┐
│                  記入例                    │
│   When      is      your    birthday ?   │
│   Well  ,   it's    April     11   .     │
└─────────────────────────────────────────┘
```

①_____

②_____

　_____

　_____

4 英語の授業で，先生があなたに次の質問をしました。

> You are in the third grade of junior high school and you are going to Canada in March on a school trip. What souvenir from Japan do you want to give to a student in Canada? And why?

（注） souvenir　お土産

この質問に対して，あなたはどのように答えますか。30語程度の英語で書きなさい。解答の際には記入例にならって書くこと。

記入例			
When	is	your	birthday ?
Well ,	it's	April	11 .

5 英語の授業で，先生があなたに次の質問をしました。

> Which animals are happier, animals in the zoo or animals in the forests?

この質問に対して，あなたはどのように答えますか。自分の意見とその理由を30語程度の英語で書きなさい。解答の際には記入例にならって書くこと。

記入例			
When	is	your	birthday ?
Well ,	it's	April	11 .

6　高校生の雅人（Masato）は，ホワイト先生（Ms. White）から，次のような E メールをもらいました。

Hello, I'm writing to tell you the homework. In the next class, you are going to give a speech. The topic is "Working with other people."

You may think that doing some things by yourself is sometimes very difficult. However, if you have someone to work with you, you may feel they are easier to do. Please write about your opinion and bring the script to the next class.

（注）　script　原稿

あなたが雅人なら，ホワイト先生からの宿題についてどのような原稿を書きますか。30 語程度の英語で書きなさい。解答の際には記入例にならって書くこと。

記入例			
When	is	your	birthday ?
Well ,	it's	April	11 .

- -

- -

- -

7　中学生の香織（Kaori）は，友人のキャシー（Cathy）に，E メールを送ることにしました。伝えたいことは，誕生日に母親がカメラを買ってくれたので，夏休み中に一緒に写真を撮りに行かないかということです。

あなたが香織なら，このことを伝えるために，どのような E メールを書きますか。"Hello, Cathy. I'm Kaori." のあとに 30 語程度の英語で書きなさい。解答の際には記入例にならって書くこと。

記入例			
When	is	your	birthday ?
Well ,	it's	April	11 .

Hello, Cathy.　I'm Kaori.

- -

- -

- -

Chapter4 リスニング

§1. 短い英文を聞く問題

1 次の会話を聞いて，チャイムの部分に入ることばとして，次のア～エのうち最も適しているもの
を一つ選び，記号で答えなさい。(1)(　　　) (2)(　　　)　　　　　　　　　　　　　　　　（愛媛県）

(1) ア　You're welcome.　イ　You don't like music.　ウ　Nice to meet you.

　　エ　It means music.

(2) ア　I'm looking for it.　イ　You should go straight.　ウ　I did it in Kyoto.

　　エ　That will be exciting.

2 次の会話を聞いて，チャイムの部分に入ることばとして，次のア～エのうち最も適しているもの
を一つ選び，記号で答えなさい。(1)(　　　) (2)(　　　) (3)(　　　)　　　　　　　　　（岩手県）

(1) ア　He has visited America.　イ　He is from Australia.　ウ　He likes Chinese food.

　　エ　He speaks Japanese.

(2) ア　I am calling you.　イ　I have to call you back.　ウ　I was taking a bath.

　　エ　I was talking with you.

(3) ア　I had a very good time.　イ　I hope you'll be OK.　ウ　I'm sorry to hear that.

　　エ　I was sick in bed.

3 次の会話を聞いて，チャイムの部分に入ることばとして，次のア～エのうち最も適しているもの
を一つ選び，記号で答えなさい。(1)(　　　) (2)(　　　)　　　　　　　　　　　　　　　　（熊本県）

(1) ア　I like the Japanese one very much.　イ　I bought them from the Internet.

　　ウ　I was 10 years old.　エ　It is easy to read them.

(2) ア　At school.　イ　Because I'm tired.　ウ　By car.　エ　OK, I will.

4 次の英文を聞いて，その内容と合うものとして，次のア～エのうち最も適していると考えられる
ものを一つ選び，記号で答えなさい。(1)(　　　) (2)(　　　) (3)(　　　)　　　　　　　　（鳥取県）

(1)　　　　　ア　　　　　　　　　イ　　　　　　　　　ウ　　　　　　　　　エ

(2)

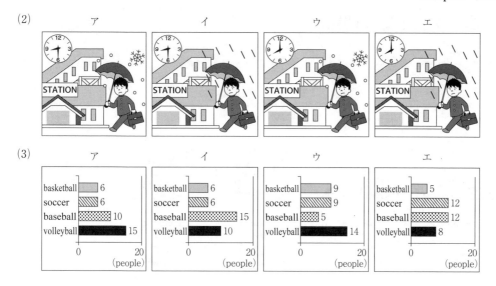

(3)

5 これから，ベッキーとアキラとの会話を聞いて，ベッキーが先週末にしたことを示したものとして，次のア～エのうち最も適していると考えられるものを一つ選び，その記号を書きなさい。

（　　　）（鹿児島県）

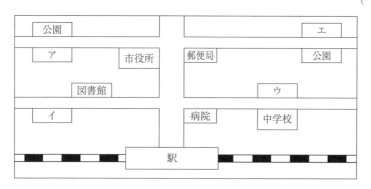

6 ジュンコとトムが電話で会話をしています。二人の会話を聞いて，ジュンコが今いる博物館の場所として，次のア～エのうち最も適していると考えられるものを一つ選び，記号を書きなさい。

（　　　）（香川県）

§2．長い英文を聞く問題①

1 花奈とアレックスの会話を聞いて，質問に対する答えとして最も適しているものを，それぞれア〜エから一つずつ選び，記号で答えなさい。 (福島県)

(1)(　　　) (2)(　　　) (3)(　　　) (4)(　　　) (5)(　　　)

2 次の英文を聞いて，それに続く四つの質問に対する答えとして最も適しているものを，それぞれア〜エから一つずつ選び，記号で答えなさい。 (愛媛県)

(1)(　　　) (2)(　　　) (3)(　　　) (4)(　　　)

(1) ア　He will take a train.　　イ　He will play soccer.　　ウ　He will work.
　　 エ　He will study.

(2) ア　At 1:15.　　イ　At 1:30.　　ウ　At 2:15.　　エ　At 2:30.

(3) ア　Jim and Kate will.　　イ　Jim and Peter will.　　ウ　Peter's mother and Kate will.
　　 エ　Peter's mother and Jim will.

(4) ア　Peter wants Naoki to worry about getting home.
　　 イ　Peter wants Naoki to bring twenty five dollars.
　　 ウ　Peter wants Naoki to visit Peter's house.
　　 エ　Peter wants Naoki to call Peter soon.

§3. 長い英文を聞く問題②

1　留学生のリアムが英語の授業でスピーチをします。スピーチのあとに，それに続く三つの質問に対する答えとして最も適しているものを，それぞれア〜エから一つずつ選び，記号で答えなさい。

(1)(　　　) (2)(　　　) (3)(　　　)　　　　　　　　　　　　　　　　　　　　（佐賀県）

(1)　ア　He likes to go shopping.

　　イ　He likes to choose his clothes.

　　ウ　He likes to wear his school uniform.

　　エ　He likes to talk about school uniforms.

(2)　ア　It is not necessary.

　　イ　Cleaning at home is more important.

　　ウ　You should use the time for studying.

　　エ　It is a good idea to have cleaning time at school.

(3)　ア　It is longer than summer vacation in Japan.

　　イ　American students don't often join a summer camp.

　　ウ　It is too short for junior high school students in America.

　　エ　American students can make friends living in foreign countries.

2　マキと留学生のデイビッドが会話をしています。二人の会話を聞いて，それに続く二つの質問に対する答えとして最も適しているものを，それぞれア〜エから一つ選び，記号で答えなさい。

(1)(　　　) (2)(　　　)　　　　　　　　　　　　　　　　　　　　　　　　　（茨城県）

(1)　ア　They were easy.　　イ　They were interesting.　　ウ　They were difficult.

　　エ　They were expensive.

(2)　ア　To watch some Japanese movies and have Japanese classes.

　　イ　To watch some Japanese movies and talk with his friends in Japanese.

　　ウ　To read Japanese comics and watch some Japanese movies.

　　エ　To read Japanese comics and talk with his friends in Japanese.

3　大学生のマコトと同じ大学に通う留学生のヘレンが会話をしています。二人の会話を聞いて，それに続く三つの質問に対する答えとして最も適しているものを，それぞれア〜エから一つ選び，記号で答えなさい。(1)(　　　) (2)(　　　) (3)(　　　)　　　　　　　　　　　　（三重県）

(1)　ア．Helen will.　　イ．John will.　　ウ．John's parents will.　　エ．Emily will.

(2)　ア．Yes, she does.　　イ．No, she doesn't.　　ウ．Yes, she has.　　エ．No, she hasn't.

(3)　ア．She likes to send e-mails.　　イ．She likes to go shopping.

　　ウ．She likes to go to the zoo.　　エ．She likes to take pictures.

§4. 実践問題①

1 会話を聞いて，ナンシーのことばに続くと考えられる俊のことばとして，次のア～エのうち最も適しているものを一つ選び，記号で答えなさい。（　　　）

ア　Yes, it is.　　イ　No, I didn't.　　ウ　Yes, I am.　　エ　It's a new library.

2 ケイトと正人との会話を聞いて，正人がケイトに渡したものとして，次のア～エのうち最も適していると考えられるものを一つ選び，記号で答えなさい。（　　　）

3 高校生の真由美が英語の授業でスピーチをしています。その内容と合うものとして，次のア～エのうち最も適していると考えられるものを一つ選び，記号で答えなさい。（　　　）

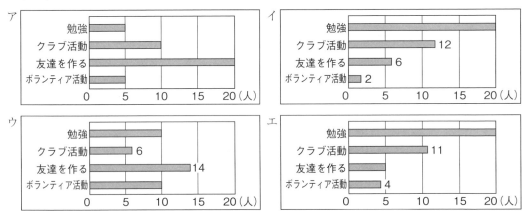

4 ジムと由美とが会話をしています。この会話の中で述べられている内容と合うものとして，次のア～エのうち最も適していると考えられるものを一つ選び，記号で答えなさい。（　　　）

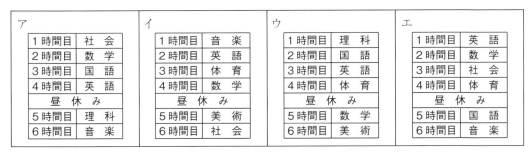

5 ALTのホワイト先生が自己紹介をしています。その話を聞いて，それに続く二つの質問に対する答えとして最も適しているものを，それぞれア～エから一つずつ選び，記号で答えなさい。

(1)(　　　)　(2)(　　　)

(1)　ア　In Tokyo.　　イ　In Nara.　　ウ　In America.　　エ　In Ms. Tanaka's house.

(2)　ア　They gave her pictures of the old temple.

　　イ　They taught her Japanese.

　　ウ　They made her Japanese dishes.

　　エ　They showed her around Tokyo.

6 裕二とアンとの会話を聞いて，それに続く二つの質問に対する答えとして最も適しているものを，それぞれア～エから一つずつ選び，記号で答えなさい。(1)(　　　)　(2)(　　　)

(1)　ア　For a week.　　イ　For three weeks.　　ウ　For a year.　　エ　For three years.

(2)　ア　She will read Emily's letter.

　　イ　She will read some books at the library.

　　ウ　She will visit the beautiful gardens.

　　エ　She will use the Internet.

§5．実践問題②

1 会話を聞いて，ベンのことばに続くと考えられる真美のことばとして，次のア～エのうち最も適しているものを一つ選び，記号で答えなさい。（　　　）

ア　Twelve.　　イ　In his room.　　ウ　Since last year.　　エ　They're old.

2 ジューンとサムとの会話を聞いて，サムがジューンに手渡したものとして，次のア～エのうち最も適していると考えられるものを一つ選び，記号で答えなさい。（　　　）

3 京子とジムはショッピングセンターに買い物に来てフロアガイドを見ています。京子とジムが見ているフロアガイドとして，次のア～エのうち最も適していると考えられるものを一つ選び，記号で答えなさい。（　　　）

ア

Floor Guide	
5	Restaurants
4	City Library
3	Clothes and shoes
2	Books
1	Foods

イ

Floor Guide	
5	Restaurants
4	City Library
3	Books
2	Clothes and shoes
1	Foods

ウ

Floor Guide	
5	Restaurants
4	City Library
3	Clothes and shoes
2	Foods
1	Books

エ

Floor Guide	
5	Foods
4	City Library
3	Restaurants
2	Books
1	Clothes and shoes

4 キング先生が英語部の生徒に１枚のプリントを渡して話をしています。そのプリントの内容として，次のア～エのうち最も適していると考えられるものを一つ選び，記号で答えなさい。（　　　）

ア

ナンシー 歓迎会について
・【日時】８月12日　３時～
・【場所】市役所 会議室Ａ
・飲み物を持ってくること

イ

ナンシー 歓迎会について
・【日時】８月12日　２時～
・【場所】市役所 会議室Ａ
・飲み物を持ってくること

ウ

ナンシー 歓迎会について
・【日時】８月11日　３時～
・【場所】図書館 会議室Ａ
・飲み物を持ってくること

エ

ナンシー 歓迎会について
・【日時】８月12日　３時～
・【場所】市役所 会議室Ａ
・食べ物を持ってくること。

5　英語の授業で，健太がスピーチをしています。そのスピーチを聞いて，それに続く二つの質問に対する答えとして最も適しているものを，それぞれア～エから一つずつ選び，記号で答えなさい。

(1)(　　　)　(2)(　　　)

(1)　ア　For two days.　　イ　For three days.　　ウ　For a week.　　エ　For two weeks.

(2)　ア　Eating a special lunch made by Mike was.

　　イ　Playing baseball with Mike was.

　　ウ　Visiting a baseball museum with Mike was.

　　エ　Writing a big card to Mike was.

6　女性店員と外国人観光客の男性との会話を聞いて，それに続く二つの質問に対する答えとして最も適しているものを，それぞれア～エから一つずつ選び，記号で答えなさい。

(1)(　　　)　(2)(　　　)

(1)　ア　Because he is carrying a lot of things now.

　　イ　Because he likes the one with a dark color.

　　ウ　Because he'll use it when he buys foods.

　　エ　Because there are no small ones in the shop.

(2)　ア　A book about supermarkets in Japan.

　　イ　The price of the *furoshiki* he'll buy.

　　ウ　How to sell *furoshiki* made in Japan.

　　エ　A book about many ways to use *furoshiki*.

Chapter5 文法

§1. 不定詞①

1 （　　）に入れるのに最も適しているものはどれですか。一つ選び，記号で答えなさい。

(1) Akiko wanted （　　　）to the party, but she couldn't.

　　ア to go　イ going　ウ goes　エ went　　　　　　　　　　（神港学園高）

(2) I want something （　　　）.

　　ア drink　イ hot drink　ウ hot to drink　エ drinking　　　　（大阪学院大高）

(3) This morning Ken got up early （　　　）his homework.

　　ア do　イ does　ウ to do　エ done　　　　　　　　　　　（昇陽高）

(4) Mr. Suzuki （　　　）us to bring lunch this week.

　　ア told　イ said　ウ spoke　エ talked　　　　　　　　　　（神奈川県）

(5) Do you want （　　　）with you, or do you want to go alone?

　　ア me coming　イ me to come　ウ that I came　エ that I will come

　　　　　　　　　　　　　　　　　　　　　　　　　　　　　（東海大付大阪仰星高）

(6) It is necessary （　　　）us to study much harder.

　　ア of　イ for　ウ at　エ on　　　　　　　　　　　　　（大阪電気通信大高）

(7) I am glad （　　　）you in Singapore again.

　　ア a seeing　イ seen　ウ saw　エ to see　　　　　　　　（東海大付福岡高）

2 日本文の意味になるように，〔　　　〕内の語(句)を並べかえて解答欄の＿＿＿に英語を書き入れ，英文を完成させなさい。

(1) 一生懸命に勉強を頑張れば，看護師になるチャンスがあるよ。　　　（大阪産業大附高）

　　Study hard, and 〔become　you'll　a chance　have　to〕 a nurse.

　　Study hard, and ＿＿＿＿＿＿＿＿＿＿＿＿＿＿＿＿＿＿＿＿＿＿＿＿ a nurse.

(2) 彼は鳥の世話をするために早起きをした。　　　　　　　　　　　（大阪成蹊女高）

　　He 〔to　take　got　early　of　his birds　care　up〕.

　　He ＿＿＿＿＿＿＿＿＿＿＿＿＿＿＿＿＿＿＿＿＿＿＿＿＿＿＿＿＿＿.

(3) あなたが補助なしで 100 メートル泳ぐのは難しいですか。　　　　（京都先端科学大附高）

　　〔you　is　to swim　it　for　difficult〕 100 meters without help?

　　＿＿＿＿＿＿＿＿＿＿＿＿＿＿＿＿＿＿＿＿＿ 100 meters without help?

(4) 私はその知らせを聞いて驚いた。　　　　　　　　　　　　　　　（京都明徳高）

　　〔was　I　to　the news　surprised　hear〕.

　　＿＿＿＿＿＿＿＿＿＿＿＿＿＿＿＿＿＿＿＿＿＿＿＿＿＿＿＿＿＿.

§2．不定詞②

1　（　　）に入れるのに最も適しているものはどれですか。一つ選び，記号で答えなさい。

(1)　I have decided (　　　) to go next summer. I will go to Okinawa to swim in the sea.

　　ア　where　　イ　when　　ウ　how　　エ　which way　　　　　　　（鳥取県）

(2)　Emi couldn't remember which (　　　).

　　ア　go to way　　イ　way to go　　ウ　going way　　エ　way go　　（福岡大附若葉高）

(3)　This sofa is (　　　) heavy for me to move.

　　ア　that　　イ　more　　ウ　too　　エ　much　　　　　　　　　　（興國高）

(4)　The tea was too hot for her (　　　).

　　ア　drink　　イ　drank　　ウ　drinking　　エ　to drink　　　　　（奈良女高）

(5)　His father won't let him (　　　) TV after nine at night.

　　ア　watching　　イ　watched　　ウ　watches　　エ　watch　　　　（京都成章高）

(6)　My brother helped me (　　　) my room.

　　ア　cleaning　　イ　cleaned　　ウ　clean　　エ　to cleaning　　　（神戸山手女高）

(7)　A：　Do you know where we'll practice singing?

　　B：　No. I'll ask our teacher and (　　　) you know later.

　　ア　show　　イ　let　　ウ　tell　　エ　want　　　　　　　　　　（熊本県）

2　日本文の意味になるように，〔　　　〕内の語(句)を並べかえて解答欄の＿＿に英語を書き入れ，英文を完成させなさい。

(1)　彼は私にこのコンピューターの使い方を教えてくれた。　　　　　　　　　　（近江高）

　　〔computer　he　me　use　this　to　how　showed〕.

　　＿＿＿＿＿＿＿＿＿＿＿＿＿＿＿＿＿＿＿＿＿＿＿＿＿＿＿＿＿＿＿＿＿＿＿＿．

(2)　私はどちらの映画を観たらよいか分からなかった。　　　　　　　　　　　（大阪暁光高）

　　I didn't 〔to　movie　know　which　watch〕.

　　I didn't ＿＿＿＿＿＿＿＿＿＿＿＿＿＿＿＿＿＿＿＿＿＿＿＿＿＿＿＿＿＿．

(3)　この問題は難しすぎて私には解けません。　　　　　　　　　　　　　　　（天理高）

　　This problem 〔is　to　for　solve　too　difficult　me〕.

　　This problem ＿＿＿＿＿＿＿＿＿＿＿＿＿＿＿＿＿＿＿＿＿＿＿＿＿＿＿．

(4)　私の国についてあなたにお話しします。　　　　　　　　　　　　　　　（プール学院高）

　　〔me　about　my　tell　let　you〕 country.

　　＿＿＿＿＿＿＿＿＿＿＿＿＿＿＿＿＿＿＿＿＿＿＿＿＿＿＿＿ country.

(5)　この本は日本の文化を理解するのに役立ちます。　　　　　　　　　　　（京都橘高）

　　〔you　understand　will　this book　Japanese culture　help〕.

　　＿＿＿＿＿＿＿＿＿＿＿＿＿＿＿＿＿＿＿＿＿＿＿＿＿＿＿＿＿＿＿＿＿．

§3. 関係代名詞

1 （　　）に入れるのに最も適しているものはどれですか。一つ選び，記号で答えなさい。

⑴　This is a camera （　　　） is popular in Japan.

　　ア　what　　イ　it　　ウ　who　　エ　which　　　　　　　　　　　　（神奈川県）

⑵　I have a friend （　　　） can speak Spanish.

　　ア　who　　イ　what　　ウ　she　　エ　which　　　　　　　　　（神戸山手女高）

⑶　I know （　　　） in that house.

　　ア　who a boy lives　　イ　a boy who lives　　ウ　who lives a boy　　エ　a boy lives who

　　　　　　　　　　　　　　　　　　　　　　　　　　　　　　　　　　　（清明学院高）

⑷　This is the house （　　　） built seven years ago.

　　ア　who was　　イ　who were　　ウ　which was　　エ　which were　　（大阪産業大附高）

⑸　This is the watch （　　　） my father gave me last week.

　　ア　who　　イ　what　　ウ　which　　エ　why　　　　　　　　（大阪夕陽丘学園高）

⑹　The man （　　　） yesterday was Mr. Yamada.

　　ア　I spoke to　　イ　to I spoke　　ウ　to that I spoke　　エ　who I spoke　　（大阪青凌高）

⑺　This is the picture （　　　） me last week.

　　ア　who she sent　　イ　which sent　　ウ　which she sent　　エ　who sent

　　　　　　　　　　　　　　　　　　　　　　　　　　　　　　　　　（九州産大付九州高）

2　日本文の意味になるように，〔　　〕内の語(句)を並べかえて解答欄の＿＿に英語を書き入れ，英文を完成させなさい。

⑴　私はギターを弾いている少年を知っています。　　　　　　　　　　　　　（上宮太子高）

　　〔who　　the boy　　the guitar　　know　　is　　I　　playing〕.

　　＿＿＿＿＿＿＿＿＿＿＿＿＿＿＿＿＿＿＿＿＿＿＿＿＿＿＿＿＿＿＿＿＿＿＿＿.

⑵　私たちは去年人気のあった歌を歌った。　　　　　　　　　　　　　　　　（東大谷高）

　　〔last　　the song　　we　　was　　popular　　year　　which　　sang〕.

　　＿＿＿＿＿＿＿＿＿＿＿＿＿＿＿＿＿＿＿＿＿＿＿＿＿＿＿＿＿＿＿＿＿＿＿＿.

⑶　彼がパーティーで出会った女性は，有名なピアニストでした。　　　　　　（大阪国際高）

　　〔he　　the party　　the lady　　pianist　　met　　was　　famous　　at　　a〕.

　　＿＿＿＿＿＿＿＿＿＿＿＿＿＿＿＿＿＿＿＿＿＿＿＿＿＿＿＿＿＿＿＿＿＿＿＿.

⑷　私が訪れた美術館は海の近くにある。　　　　　　　　　　　　　　　（龍谷大付平安高）

　　The museum 〔near　　visited　　is　　I　　the sea　　which〕.

　　The museum ＿＿＿＿＿＿＿＿＿＿＿＿＿＿＿＿＿＿＿＿＿＿＿＿＿＿＿＿＿＿＿.

⑸　私があなたに送ったメールを読みましたか。　　　　　　　　　　　　　　（立命館高）

　　〔the e-mail　　sent　　read　　you　　to you　　which　　I　　have〕?

　　＿＿＿＿＿＿＿＿＿＿＿＿＿＿＿＿＿＿＿＿＿＿＿＿＿＿＿＿＿＿＿＿＿＿＿＿?

§ 4．受動態

1　（　　）に入れるのに最も適しているものはどれですか。一つ選び，記号で答えなさい。

(1)　The cake was (　　　) by my sister.

　　ア　eat　　イ　eats　　ウ　ate　　エ　eaten　　　　　　　　　　　　　　（大阪産業大附高）

(2)　(　　　) these books used in Ms. Hayashi's class?

　　ア　Do　　イ　Were　　ウ　Will　　エ　Was　　　　　　　　　　　　　　（三田学園高）

(3)　Beth was very (　　　) at playing the game yesterday.

　　ア　exciting　　イ　excite　　ウ　excited　　エ　excitement　　　　　　　（賢明学院高）

(4)　This book is difficult to read because it is (　　　) English.

　　ア　written by　　イ　writing in　　ウ　written in　　エ　writing by　　　　（大阪薫英女高）

(5)　His name is known (　　　) many people.

　　ア　by　　イ　with　　ウ　from　　エ　to　　　　　　　　　　　　　　　（京都西山高）

(6)　The table is made (　　　) wood.

　　ア　to　　イ　of　　ウ　by　　エ　in　　　　　　　　　　　　　　　　　（関西創価高）

(7)　Can Mt. Fuji (　　　) from your classroom?

　　ア　see　　イ　seen　　ウ　be seen　　エ　be seeing

(8)　This is a school which (　　　) in 1980.

　　ア　is building　　イ　built　　ウ　was built　　エ　were building　　　　　（神奈川県）

2　日本文の意味になるように，〔　　〕内の語(句)を並べかえて解答欄の＿＿に英語を書き入れ，英文を完成させなさい。

(1)　外国の雑誌がその店ではたくさん売られている。　　　　　　　　　　　　　　　（自由ケ丘高）

　　A lot〔are　　at　　of　　magazines　　sold　　foreign〕the shop.

　　A lot ＿＿＿＿＿＿＿＿＿＿＿＿＿＿＿＿＿＿＿＿＿＿＿＿＿ the shop.

(2)　この花は英語で何と呼ばれていますか。　　　　　　　　　　　　　　　　　　　（市川高）

　　〔flower　　is　　English　　called　　this　　what　　in〕?

　　＿＿＿＿＿＿＿＿＿＿＿＿＿＿＿＿＿＿＿＿＿＿＿＿＿＿＿＿＿＿ ?

(3)　あの山は一年中雪で覆われています。　　　　　　　　　　　　　　　　（関西福祉科学大学高）

　　That mountain〔the　　with　　snow　　covered　　all　　is〕year.

　　That mountain ＿＿＿＿＿＿＿＿＿＿＿＿＿＿＿＿＿＿＿＿＿＿ year.

(4)　この部屋はすぐに掃除されなければなりません。　　　　　　　　　　　　　　　（日ノ本学園高）

　　This〔soon　　must　　room　　cleaned　　be〕.

　　This ＿＿＿＿＿＿＿＿＿＿＿＿＿＿＿＿＿＿＿＿＿＿＿＿＿＿＿ .

(5)　彼が書いた本は，多くの人々に読まれている。　　　　　　　　　　　　　　　　（立命館高）

　　〔is　　read　　wrote　　he　　by　　the book　　many people〕.

　　＿＿＿＿＿＿＿＿＿＿＿＿＿＿＿＿＿＿＿＿＿＿＿＿＿＿＿＿＿＿ .

§5. 助動詞

1 （　　）に入れるのに最も適しているものはどれですか。一つ選び，記号で答えなさい。

(1) He must （　　） his homework.

　ア finish　　イ finishes　　ウ finished　　エ finishing　　　　　（大阪国際高）

(2) （　　） you open the window, please?

　ア May　　イ Could　　ウ Shall　　エ Should　　　　　（京都産業大附高）

(3) （　　） we go to the movies next weekend?

　ア Have　　イ Do　　ウ May　　エ Shall　　　　　（大阪信愛学院高）

(4) Kenji is able （　　） Spanish.

　ア speaking　　イ spoken　　ウ to speak　　エ speaks　　　　　（神戸星城高）

(5) Must I use this computer? — No, you （　　）.

　ア may not　　イ mustn't　　ウ don't have to　　エ can't　　　　　（大阪偕星学園高）

(6) A： Excuse me, Emily. （　　）

　　B： Sure. What is it?

　　A： I'd like to borrow the book you showed me yesterday.

　ア May I give you something?　　イ May I ask you a favor?

　ウ Could you teach me English?　　エ Could you give me some suggestions?　　（島根県）

2 日本文の意味になるように，〔　　〕内の語(句)を並べかえて解答欄の＿＿に英語を書き入れ，英文を完成させなさい。

(1) 母の誕生日に，花をあげます。　　　　　　　　　　　　　　（近江兄弟社高）

　I 〔will　　her birthday　　my mother　　some flowers　　give　　for〕.

　I ＿＿＿＿＿＿＿＿＿＿＿＿＿＿＿＿＿＿＿＿＿＿＿＿.

(2) もうひとつケーキをいただけませんか。　　　　　　　　　　（大阪偕星学園高）

　〔of　　piece　　I　　have　　may　　another〕cake, please?

　＿＿＿＿＿＿＿＿＿＿＿＿＿＿＿＿＿＿＿＿＿ cake, please?

(3) 私はあのCDを買いたいです。　　　　　　　　　　　　　　（大阪国際高）

　〔like　　that　　buy　　to　　CD　　I　　would〕.

　＿＿＿＿＿＿＿＿＿＿＿＿＿＿＿＿＿＿＿＿＿＿＿＿.

(4) 優れた医者になるには，一生懸命勉強しなくてはいけません。　　（京都成章高）

　You 〔to　　hard　　a great doctor　　to be　　have　　study〕.

　You ＿＿＿＿＿＿＿＿＿＿＿＿＿＿＿＿＿＿＿＿＿＿.

(5) このレストランのおすすめを教えてもらえますか。　　　　　　（大阪青凌高）

　〔could　　me　　tell　　to eat　　what　　you〕at this restaurant?

　＿＿＿＿＿＿＿＿＿＿＿＿＿＿＿＿＿＿＿ at this restaurant?

§6. 現在完了

1 （　　）に入れるのに最も適しているものはどれですか。一つ選び，記号で答えなさい。

(1) My brother has lived in Tokyo （　　） two years.

　ア in　　イ since　　ウ at　　エ for　　　　　　　　　　　　　　　（佐賀県）

(2) My grandfather lives in Osaka, and I （　　） him for two months.

　ア don't see　　イ was seeing　　ウ was seen　　エ haven't seen

(3) I have been reading this book （　　） 10 o'clock this morning.

　ア at　　イ before　　ウ for　　エ since

(4) Have you ever （　　） her before?

　ア see　　イ saw　　ウ seen　　エ seeing　　　　　　　　　　　　（神奈川県）

(5) I have （　　） to England three times.

　ア go　　イ been　　ウ seen　　エ stayed　　　　　　　　　　（大阪学院大高）

(6) Have you （　　） seen this movie before? I like it very much.

　ア never　　イ ever　　ウ already　　エ yet　　　　　（京都先端科学大附高）

(7) Ken and Yumi （　　） each other for ten years.

　ア have known　　イ has known　　ウ knew　　エ are knowing　　（京都明徳高）

(8) Kenta and Nick （　　） playing tennis since I got here.

　ア been　　イ are　　ウ have　　エ have been　　　　　　　（大阪夕陽丘学園高）

2　日本文の意味になるように，〔　　〕内の語(句)を並べかえて解答欄の＿＿に英語を書き入れ，英文を完成させなさい。

(1) 私は英語を 3 年間勉強しています。　　　　　　　　　　　　　　　　　（梅花高）

〔English　for　have　I　studied　three　years〕.

_____.

(2) あなたはこの映画を何回見たことがありますか。　　　　　　　　　　　（東大谷高）

〔times　you　movie　have　this　many　watched　how〕?

_____?

(3) 私はそのような大きな魚を今までに一度も見たことがありません。　　（芦屋学園高）

I 〔a　big fish　seen　have　such　never〕.

I _____.

(4) 私の姉は，ちょうど神戸空港に到着したところだ。　　　　　　　　　　（育英高）

My sister 〔has　at　arrived　Kobe Airport　just〕.

My sister _____.

(5) あなたは長い間彼らを待っているのですか。　　　　　　　　　　　　　（京都橘高）

〔them　been　for　you　have　waiting〕for a long time?

_____ for a long time?

§7. いろいろな疑問文

1 （ ）に入れるのに最も適しているものはどれですか。一つ選び，記号で答えなさい。

(1) （   ） is the girl over there?

　　ア　Who　　イ　Where　　ウ　Whose　　エ　When　　　　　　　　（洛陽総合高）

(2) It was raining hard this morning. （   ） did you come to school?

　　ア　What　　イ　How　　ウ　Who　　エ　Where　　　　　　　　　（秋田県）

(3) How （   ） students are there in your school?

　　ア　many　　イ　much　　ウ　long　　エ　old　　　　　　　　　（栃木県）

(4) How （   ） do you drink green tea in a day?

　　ア　often　　イ　high　　ウ　many　　エ　far　　　　　　　　　（神奈川県）

(5) Do you know （   ） racket this is?

　　ア　whose　　イ　where　　ウ　who　　エ　that　　　　　　　　（栃木県）

(6) I can't understand what （   ）.

　　ア　he did　　イ　did he　　ウ　is he doing　　エ　dose he　　（大阪偕星学園高）

(7) A： I want to be a doctor and help many people. How about you?

　　B： I haven't decided （   ） I want to do in the future.

　　ア　whose　　イ　what　　ウ　when　　エ　why　　　　　　　　（神奈川県）

2 日本文の意味になるように，〔　　〕内の語(句)を並べかえて解答欄の＿＿に英語を書き入れ，英文を完成させなさい。

(1) 明日の奈良の天気はどうなるでしょうか。　　　　　　　　　　　　　　（関西中央高）

〔Nara　be　how　in　the weather　will〕tomorrow?

＿＿＿＿＿＿＿＿＿＿＿＿＿＿＿＿＿＿＿＿＿＿＿＿ tomorrow?

(2) あなたは普段何時に帰宅しますか？　　　　　　　　　　　　　　　　　（上宮太子高）

〔you　time　get　usually　do　what　home〕?

＿＿＿＿＿＿＿＿＿＿＿＿＿＿＿＿＿＿＿＿＿＿＿＿＿＿ ?

(3) なぜ彼女がそこにいるのか分からない。　　　　　　　　　　　　　　　（市川高）

I don't know〔is　why　there　she〕.

I don't know ＿＿＿＿＿＿＿＿＿＿＿＿＿＿＿＿＿＿＿＿＿ .

(4) 彼女が何回アメリカに行ったことがあるか知っていますか。　　　　　　（京都成章高）

Do you know〔she　been　many　has　times　to　how〕America?

Do you know ＿＿＿＿＿＿＿＿＿＿＿＿＿＿＿＿＿ America?

(5) 何が彼女をそんなに悲しませたのか私に教えてください。　　　　　　　（上宮太子高）

〔what　tell　made　sad　her　so　me〕.

＿＿＿＿＿＿＿＿＿＿＿＿＿＿＿＿＿＿＿＿＿＿＿＿＿ .

§8. 分　詞

1　（　　）に入れるのに最も適しているものはどれですか。一つ選び，記号で答えなさい。

(1)　Don't touch the (　　　) dog.

　　ア　sleep　　イ　slept　　ウ　sleeping　　エ　to sleep　　　　　　　　（大商学園高）

(2)　There is a park for dogs near my house. There are many dogs (　　　) all over the park

　　on weekends. They look very happy.

　　ア　play　　イ　played　　ウ　playing　　エ　to play　　　　　　　　（兵庫県）

(3)　The baby (　　　) is my brother's son.

　　ア　sleeps on the bed　　イ　to sleep on the bed　　ウ　sleeping on the bed

　　エ　slept on the bed　　　　　　　　　　　　　　　　　　　　　　（四天王寺東高）

(4)　Be careful of the (　　　) window.

　　ア　broken　　イ　breaks　　ウ　breaking　　エ　break　　　　　　　（市川高）

(5)　This is the (　　　) by my mother.

　　ア　made cake　　イ　cake made　　ウ　making cake　　エ　cake making

　　　　　　　　　　　　　　　　　　　　　　　　　　　　　　　　（箕面自由学園高）

(6)　A :　Do you have any pets?

　　B :　Yes. I have a cat. How about you?

　　A :　Well, I have a dog (　　　) *Pochi*. What's the name of your cat?

　　B :　It's *Tama*. She's very cute.

　　ア　said　　イ　spoken　　ウ　called　　エ　talked　　　　　　　　（岩手県）

2　日本文の意味になるように，〔　　〕内の語(句)を並べかえて解答欄の＿＿に英語を書き入れ，英
文を完成させなさい。

(1)　ドアの前に立っているあの少女は誰ですか。　　　　　　　　　　　　　　（大阪高）

　　Who 〔that girl　front　in　standing　is　of the door〕?

　　Who ＿＿＿＿＿＿＿＿＿＿＿＿＿＿＿＿＿＿＿＿＿＿＿＿＿＿＿＿＿＿＿＿?

(2)　雪が積もった山はとても美しかった。　　　　　　　　　　　　　　　　（賢明学院高）

　　〔very　mountain　was　with　snow　covered　beautiful　the〕.

　　＿＿＿＿＿＿＿＿＿＿＿＿＿＿＿＿＿＿＿＿＿＿＿＿＿＿＿＿＿＿＿＿＿＿.

(3)　犬を連れて歩いているあの女性は，私たちの英語の先生です。

　　〔is　our　walking　English　the　with　woman　her dog〕 teacher.

　　＿＿＿＿＿＿＿＿＿＿＿＿＿＿＿＿＿＿＿＿＿＿＿＿＿＿＿ teacher.

(4)　ベッキーは父の誕生日に日本製のカメラを買ってあげた。　　　　（京都府立嵯峨野高）

　　Becky 〔in　a camera　Japan　his　father　for　bought　made　her〕
　　birthday.

　　Becky ＿＿＿＿＿＿＿＿＿＿＿＿＿＿＿＿＿＿＿＿＿＿＿＿＿ birthday.

§9. 文　型

1 （　　）に入れるのに最も適しているものはどれですか。一つ選び，記号で答えなさい。

(1) When I went to the park last Sunday, there （　　）any children there.

　　ア　isn't　　イ　wasn't　　ウ　aren't　　エ　weren't　　　　　　　（沖縄県）

(2) The new library near the station （　　）great.

　　ア　looks　　イ　sees　　ウ　gives　　エ　takes　　　　　　　　（神奈川県）

(3) "I think this picture is very beautiful." "Yes, it makes （　　）happy."

　　ア　our　　イ　us　　ウ　we　　エ　ours　　　　　　　　　　　（沖縄県）

(4) "What a nice bag, Sara." "Thank you. My father bought （　　）."

　　ア　it for me　　イ　it me　　ウ　me for it　　エ　me to it　　　（大阪青凌高）

(5) Aya gave （　　）to make me happy.

　　ア　a nice gift for me　　イ　me to a nice gift　　ウ　a nice gift me　　エ　me a nice gift

　　　　　　　　　　　　　　　　　　　　　　　　　　　　　　　　　（橿原学院高）

(6) Please （　　）your room clean.

　　ア　stay　　イ　show　　ウ　keep　　エ　be　　　　　　　　　（平安女学院高）

(7) We （　　）this fruit "apple" in English.

　　ア　say　　イ　call　　ウ　tell　　エ　talk　　　　　　　　　　（樟蔭高）

(8) （　　）two and half hours from Osaka to Tokyo by *Shinkansen*.

　　ア　It goes　　イ　It has　　ウ　It takes　　エ　It uses　　　　　（関西学院高）

2 日本文の意味になるように，〔　　〕内の語(句)を並べかえて解答欄の＿＿に英語を書き入れ，英文を完成させなさい。

(1) この図書館にはアメリカの本が何冊かありますか。　　　　　　　　　（アナン学園高）

　　〔are　in this library　there　American　books　any〕?

　　_____?

(2) その話は私には奇妙に思われます。　　　　　　　　　　　　　　　（芦屋学園高）

　　〔me　sounds　strange　that　to　story〕.

　　_____.

(3) 私の修学旅行の写真をあなたに見せましょう。　　　　　　　　　　（上宮太子高）

　　〔of　show　the pictures　I'll　school trip　my　you〕.

　　_____.

(4) このバスに乗れば私たちの学校へ行けます。　　　　　　　　　　　（比叡山高）

　　This 〔take　will　you　our　to　bus〕 school.

　　This _____ school.

(5) ここから空港までどれくらいかかりますか。　　　　　　　　　　　（大谷高）

　　〔does　from　here　how　it　long　take　to〕 the airport?

　　_____ the airport?

§10.　仮定法

1　（　　）に入れるのに最も適しているものはどれですか。一つ選び，記号で答えなさい。

(1)　If I (　　　) a bird, I could fly to you.

　　ア　am　　イ　were　　ウ　be　　エ　been　　　　　　　　　　　（昇陽高）

(2)　If I (　　　) her address, I could send a letter to her.

　　ア　know　　イ　knew　　ウ　known　　エ　knows　　　　　　　（京都文教高）

(3)　If I had a lot of money, I (　　　) buy a big house in the city.

　　ア　will　　イ　can　　ウ　would　　エ　am going to　　　　　　（三田学園高）

(4)　I wish I (　　　) more time to play with my friends.

　　ア　were　　イ　have　　ウ　had　　　　　　　　　　　（光泉カトリック高）

(5)　A：　Tom and I are going fishing at Lake Biwa this Sunday. Will you join us?

　　B：　This Sunday I have to go to school. I wish I (　　　) with you.

　　ア　go　　イ　went　　ウ　can go　　エ　could go　　　　　　（京都教大附高）

(6)　A：　Do you sometimes want to go back to the past?

　　B：　Yes, but of course we can't do that now.

　　A：　If you (　　　) go back to the past, what would you do?

　　B：　I would say to myself, "You should do everything you want to do."

　　ア　could　　イ　didn't　　ウ　had　　エ　weren't　　　　　　　（岩手県）

2　日本文の意味になるように，〔　　〕内の語(句)を並べかえて解答欄の＿＿に英語を書き入れ，英文を完成させなさい。

(1)　もし家の近くに海岸があれば，毎日泳ぎに行くのに。　　　　　　　　（京都橘高）

　　〔a beach　　near　　were　　if　　my house　　there〕, I would go swimming every day.

　　＿＿＿＿＿＿＿＿＿＿＿＿＿＿＿＿＿＿＿＿＿＿＿＿＿, I would go swimming every day.

(2)　もし私があなたなら，試合に向けて一所懸命練習するのに。　　　　　（滝川高）

　　If I 〔were　　practice　　would　　I　　you,　　hard〕 for the game.

　　If I ＿＿＿＿＿＿＿＿＿＿＿＿＿＿＿＿＿＿＿＿＿＿＿ for the game.

(3)　英語が上手に話せたらなあ。　　　　　　　　　　　　　　　　　（芦屋学園高）

　　I 〔I　　wish　　could　　well　　English　　speak〕.

　　I ＿＿＿＿＿＿＿＿＿＿＿＿＿＿＿＿＿＿＿＿＿＿＿＿＿.

(4)　新しいパソコンを持っていればなあ。　　　　　　　　　　（福岡工大附城東高）

　　I 〔new　　I　　a　　had　　wish　　computer〕.

　　I ＿＿＿＿＿＿＿＿＿＿＿＿＿＿＿＿＿＿＿＿＿＿＿＿＿.

(5)　今日何も予定がなければいいのに。　　　　　　　　　　　　　（西南学院高）

　　〔nothing　　wish　　had　　I　　I　　do　　to〕 today.

　　＿＿＿＿＿＿＿＿＿＿＿＿＿＿＿＿＿＿＿＿＿＿＿＿＿ today.

§11. 動名詞

1 （　）に入れるのに最も適しているものはどれですか。一つ選び，記号で答えなさい。

(1) My father is a doctor. (　　) sick people is his job.

　　ア Help　　イ Helps　　ウ Helped　　エ Helping

(2) Yuko enjoyed (　　) with her classmates.

　　ア sing　　イ sang　　ウ singing　　エ to sing　　　　　　　　　　　（沖縄県）

(3) I went shopping because it stopped (　　).

　　ア rains　　イ rained　　ウ raining　　エ rainy　　　　　　　　　　（神奈川県）

(4) Thank you for (　　) to my party.

　　ア come　　イ to come　　ウ came　　エ coming　　　　　　　　（大阪学院大高）

(5) How about (　　) to see my mother at my house?

　　ア come　　イ comes　　ウ coming　　エ to come　　　　　　　　　（城南学園高）

(6) We can get new ideas by (　　) with a lot of people.

　　ア talking　　イ talked　　ウ have talked　　エ to talk　　　　　　（神奈川県）

(7) Ichiro left without (　　) goodbye.

　　ア say　　イ says　　ウ to say　　エ saying　　　　　　　　　（大阪偕星学園高）

(8) A : I don't need these clothes. I will go to a shop to recycle them.

　　B : Oh, but this jacket still looks good.

　　A : Do you want it? You can take it.

　　B : Thank you. This is perfect for (　　) in the winter.

　　ア buy　　イ buying　　ウ wear　　エ wearing　　　　　　　　　　（岩手県）

2 日本文の意味になるように，〔　　〕内の語(句)を並べかえて解答欄の＿＿に英語を書き入れ，英文を完成させなさい。

(1) 英語を学ぶことはなぜ大切なのですか。　　　　　　　　　　　　　　　　　　（育英西高）

　〔important　why　English　learning　is〕?

　_____?

(2) 私はテニスをするよりも，バスケットボールをする方が難しいと思います。　（橿原学院高）

　I 〔is　think　difficult　playing basketball　than　more〕 playing tennis.

　I _____ playing tennis.

(3) テレビを見る前に宿題を終わらせなさい。　　　　　　　　　　　　　　　　　（育英高）

　〔your　watching　finish　before　homework〕 television.

　_____ television.

(4) 英語を話すときに間違いを恐れてはいけません。　　　　　　　　　　　　　（三田学園高）

　You 〔not　of　must　making　afraid　be〕 mistakes when you speak English.

　You _____ mistakes when you speak English.

§12. 比 較

1 （　　）に入れるのに最も適しているものはどれですか。一つ選び，記号で答えなさい。

(1) This group is （　　） than that one in Japan.

　ア　popular　　イ　most popular　　ウ　more popular　　エ　populater　（大阪信愛学院高）

(2) January is （　　） than August in Australia.

　ア　hot　　イ　hotter　　ウ　hottest　　エ　more hot　　　　　　　（京都西山高）

(3) Which do you like better, cats （　　） dogs?

　ア　and　　イ　or　　ウ　so　　エ　but　　　　　　　　　　　（筑陽学園高）

(4) This flower is the （　　） in the garden.

　ア　most beautiful　　イ　beautiful　　ウ　as beautiful　　エ　more beautiful

　　　　　　　　　　　　　　　　　　　　　　　　　　　　　　　　（大阪信愛学院高）

(5) Tom is the tallest （　　） the three.

　ア　in　　イ　on　　ウ　with　　エ　of　　　　　　　　　　　（大阪国際高）

(6) Tokyo is the most famous city （　　） Japan.

　ア　in　　イ　of　　ウ　on　　エ　to　　　　　　　　　　　　（芦屋学園高）

(7) John is as （　　） as Steve.

　ア　tall　　イ　taller　　ウ　tallest　　エ　the tallest　　　　　　（興國高）

(8) A： What season do you like?

　　B： I like summer. I love swimming in the sea. How about you?

　　A： I like spring the （　　） of all seasons. The flowers are beautiful.

　　B： I see.

　ア　much　　イ　more　　ウ　better　　エ　best　　　　　　　（岩手県）

2 日本文の意味になるように，〔　　〕内の語(句)を並べかえて解答欄の＿＿に英語を書き入れ，英文を完成させなさい。

(1) このペンはあのペンよりも使いやすい。　　　　　　　　　　　　　　　（興國高）

This pen is 〔than　more　that　useful　one〕.

This pen is ＿＿＿＿＿＿＿＿＿＿＿＿＿＿＿＿＿＿＿＿＿＿＿＿＿＿＿＿.

(2) 2月はすべての月で一番寒いです。　　　　　　　　　　　　　　　　（大阪国際高）

〔the　all the　February　of　coldest　is〕 months.

＿＿＿＿＿＿＿＿＿＿＿＿＿＿＿＿＿＿＿＿＿＿＿＿＿＿＿＿ months.

(3) この電車で私たちはこの国で一番有名な湖に行くことができます。　（立命館宇治高）

〔lake　takes　most　this train　to　famous　the　us〕 in this country.

＿＿＿＿＿＿＿＿＿＿＿＿＿＿＿＿＿＿＿＿＿＿＿＿＿＿ in this country.

(4) 私の家はあの家ほど大きくない。　　　　　　　　　　　　　　　　　（大阪高）

Our house 〔as　not　that one　as big　is〕.

Our house ＿＿＿＿＿＿＿＿＿＿＿＿＿＿＿＿＿＿＿＿＿＿＿＿＿＿.

Chapter 1　会話文　解答・解説

（4ページ）

1. (1) ① 現在完了〈have ＋過去分詞〉の文。eat の過去分詞は eaten。② 比較級の文。「～よりも高価だ」＝ more expensive than ～。③「豆腐を使って作られた和食」という意味。「～された」は過去分詞の形容詞的用法で表せる。

(2) Ⓐ 下線部を含む文は「どうしてそれを悪魔の魚と呼んでいるの？」という意味になる。直前のダニエルのせりふから，悪魔の魚と呼ばれているのは「たこ」である。Ⓑ 同じ文の前半にある「エビ」を指している。

(3) ダニエルが「私たちの宗教では鱗とヒレのないシーフードを食べてはいけない」「私たちはエビも食べることができない」と言っていることから考える。them は「鱗とヒレ」を指している。

(4) ア．「たこ焼きパーティーは今週末に開催される」。ダニエルの最初のせりふを見る。ダニエルは今週末にたこ焼きパーティーに招待された。正しい。イ．ダニエルの３つ目のせりふを見る。ダニエルの宗教では，鱗とヒレのないシーフードを食べてはいけないとされている。ウ．「昔，一部の日本の人々が食べてはいけないものがあった」。お母さんの５つ目のせりふに，日本の食文化について「ずっと昔，仏教徒は肉を食べなかった」とある。正しい。エ．ダニエルの９つ目のせりふより，彼の国でも豆腐を買うことができることがわかるが，「日本の豆腐が輸入されている」とは述べられていない。オ．マイの最後のせりふを見る。たこ焼きに豆腐を入れてみようというダニエルの提案に対して，マイは「冗談でしょう？」と答えている。

(5) ①「たこ焼きの形はどのようなものですか？」。お母さんの２つ目のせりふを見る。ゴルフボールのようだと言っている。②「ダニエルは自分の国ではどこで豆腐を手に入れることができますか？」。ダニエルの９つ目のせりふを見る。家の近くのスーパーマーケットで買うことができると言っている。③「ダニエルはたこ焼きに何を入れるつもりですか？」。ダニエルの最後のせりふを見る。たこ焼きに豆腐を入れてみようと言っている。

【答】(1) ① ウ　② ウ　③ イ　(2) Ⓐ octopus　Ⓑ shrimps　(3) scales or fins　(4) ア・ウ

(5)（例）① It is like a golf ball.　② He can get it in some supermarkets near his house.

③ He is going to put tofu in it.

◀全訳▶

お母さん：今日の学校はどうだったの，ダニエル？

ダニエル：楽しかったです。ああ，ええと…クラスメートのマコトが今週末，僕を「タコアゲパーティー」に招待してくれるのです。「タコアゲ」とは何ですか？

マイ　　：違う…違う…。「タコアゲ」じゃないの。マコトは「たこ焼きパーティー」と言ったのよ。

お母さん：「tako」は「たこ」のことで，「yaki」は英語で「焼くこと」を意味しているの。ゴルフボールのようで，中にはタコを切ったものが入っているのよ。私たちは「たこ焼き」ソースをつけてそれを食べる。みんなで一緒に楽しく作るのよ。私たちはそれが大好きよ。

ダニエル：本当にたこを食べるのですか？　たこは僕たちの国では悪魔の魚と呼ばれているので，一度もたこを食べたことがありません。

マイ　　：どうしてたこを悪魔の魚と呼んでいるの？

ダニエル：僕たちの宗教では，鱗とヒレのないシーフードを食べてはいけないのです。

マイ　　　：そうなの？　あなたがどうしてたこを食べることができないのかようやくわかったわ。

ダニエル：おそらくパーティーには行けません。

マイ　　　：心配はいらないわ。私たちが家でたこ焼きを作るときには，キムチ，チーズ，トウモロコシ，牛肉，鶏肉など入れるわ…。

お母さん：エビもいいわね。

ダニエル：でもエビにも鱗とヒレがないので，食べることができません。

お母さん：まあ，マコトと一緒にスーパーマーケットに行ってはどう？　好きなものを選べばいいわ。

ダニエル：考えておきます。ところで…，あなたの国では食べてはいけない食べ物はありますか？

お母さん：そうね…今は日本ではほとんど何でも食べることができるわ。ずっと昔，仏教徒は肉を食べなかったのよ。今ではお寺に泊まると「精進料理」が用意されるの。野菜と豆しか入っていない料理よ。

マイ　　　：京都への修学旅行で「精進料理」を食べたわ。

ダニエル：どうでしたか？

マイ　　　：まあまあだったわ。牛肉のかわりに豆腐を食べたの。「豆腐」は知っている？

ダニエル：もちろんです，先週お母さんが夕食に豆腐を料理してくれました。白くて柔らかいものでしたよね？

マイ　　　：そうよ。あなたの国には豆腐があるの？

ダニエル：はい，あります。家の近くのスーパーマーケットで買うことができます。でも日本よりも高いのです。菜食主義者は肉のかわりに豆腐を好みます。

お母さん：私もそう。最近，多くの日本人が健康のために豆腐をよく食べているの。「豆腐ハンバーガー」のような豆腐を使って作られた和食が人気なの。おいしいわよ。

ダニエル：それを食べてみたいです。今週末はたこ焼きに豆腐を入れてみましょう。

マイ　　　：冗談でしょう？　豆腐は柔らかすぎるわ！

2.　(1) ウィルソン先生の４つ目のせりふで，インドで子どもたちにサッカーを教えたと言っている。しずかは１つ目のせりふで学校の建物にペンキを塗り，４つ目のせりふで，ギターを見つけて演奏したと言っている。

(2)「だから私は状況を変えるために，何かをすべきだと考えた」という文。直前にしずかが他のボランティアの人々とうまく意思を伝え合うことができなかった状況が説明されており，直後にあつしが「それで何をしたの？」と尋ねているイに入ると文意が通る。

(3) 言葉の問題で苦労していたしずかがギターを演奏して，他の人たちが周りに集まり歌いだした場面。アの「言葉がなくても，音楽を楽しむことができる」が適切。

(4) 若者が海外に行くことに関して，ウィルソン先生としずかの意見は一致している。agree with ～ =「～に同意する」。

(5) 質問は「しずかはなぜ，他のボランティアの人々と働くことが自分にとってよかったと考えているのですか？」。しずかの６つ目のせりふに注目する。自分の「将来」について考えるよい機会をくれたと言っている。

(6) ア．しずかの１つ目のせりふから，しずかは英語を学ぶためにフィリピンに行ったのではない。イ．しずかの２つ目と３つ目のせりふを見る。しずかが他のボランティアと意思を伝え合うことができなかったのは，ボランティアが英語を話さなかったからではない。ウ．ウィルソン先生の４つ目のせりふから，先生がインドに行ったのは，大学生のときではなく大学に入る前である。エ．「しずかは再び外国に行く前に，人々を助けるため役に立つ何かを学びたいと考えている」。しずかの７つ目のせりふを見る。内容と合う。

【答】(1) ウ　(2) イ　(3) ア　(4) agree　(5) future　(6) エ

◀全訳▶

あつし　　　　　　：こんにちは。ウィルソン先生。何を見ているのですか？

ウィルソン先生：やあ，あつし。しずかがフィリピン滞在中の写真を見せてくれています。

あつし　　　　：フィリピン？　しずか，なぜそこに行ったんだい？

しずか　　　　：私は学校を建設している人々を手伝うために行ったのよ。数年前に大きな台風がそこの家や学校をたくさん破壊したの。私は2週間ボランティアとして様々な国から来ている人たちと一緒に働いたわ。この写真を見て。学校の建物にペンキを塗っているところよ。

あつし　　　　：ああ，君なんだ。楽しかったかい？

しずか　　　　：ええ。でも最初の数日間は問題があったの。他のボランティアの人々と意思を伝え合うのが難しかったわ。彼らが異なった種類の英語を話したのよ。彼らの英語は私たちが学校で習っている英語のように聞こえなかったの。

ウィルソン先生：世界中には，たくさんの英語特有の話し方があります。その中のいくつかは，私にとっても難しいです。

あつし　　　　：本当ですか？　それは知らなかったです。

しずか　　　　：彼らはまた，とても早く話したの。私は誰とも話をすることができなかったのよ。だから私はこの状況を変えるために，何かすべきだと考えたの。

あつし　　　　：ぼくは，君がどのように感じたかわかるな。それで何をしたんだい？

しずか　　　　：あのね，音楽室でギターを見つけてそれを弾いたの。そうしたら他の人たちが私のまわりに集まってきて，こんなふうに何曲か歌を歌い始めたの。

あつし　　　　：なるほど。言葉がなくても，音楽は楽しめるからね。

しずか　　　　：そうよ。私は彼らに加われて，とてもうれしかったわ。そのあと，彼らに話しかけてみたの。彼らの言ったことが理解できなかったとき，彼らに繰り返してもらうよう頼んだわ。恥ずかしがるべきでないし，間違いをすることを恐れるべきでもないと考えたの。

ウィルソン先生：それはいいですね。他のボランティアから何か学びましたか？

しずか　　　　：彼らは世界のために何ができるかについて考えていました。それにだれもが自分の将来について考えていました。彼らと働くことが，私に自分の将来について考えるよい機会をくれました。

ウィルソン先生：私の国では，大学に行く前に，多くの人がボランティアとして1年間海外に出かけます。私もそのうちの1人でした。私は子どもにサッカーを教えるため，インドに行きました。そう，その写真を持っています。見て下さい。

あつし　　　　：わあ。子どもたちは先生と一緒で，とてもうれしそうですね。

ウィルソン先生：そうです。とてもいい経験でしたよ。若者が海外に行くことはいいことだと思います。

しずか　　　　：私も先生に賛成です。私も今回の自分の経験から多くのことを学びましたから。次回はもっと長く滞在したいです。その前に，私は人々を手伝うために使える何かを学びたいです。看護師になることを考えています。あつし，あなたも海外に行くことに興味があるの？

あつし　　　　：そうだな。今は行くことができないけれど，大学生になるときに，考えてみようと思う。

3．(1)「〜について」= about 〜。「〜することによって」= by 〜ing。

(2) 下線部を含む文は「私はこれらを競技場で撮った」という意味。「これら」は直前の文にある「何枚かの写真」を指している。

(3) 下線部を含む文は「それらは彼らの支援者から与えられる」という意味。silk aprons called *Keshomawashi* ＝「『化粧まわし』と呼ばれる絹のエプロン」。called は過去分詞で，直前の名詞を後ろから修飾している。

(4)「(時間が)〜かかる」= It takes 〜。「数分」= a few minutes。「〜する前に」= before。

(5) 直後のケイトのせりふでは，相撲の試合での勝者の決め方が説明されている。アの「どうやって勝者は決

められるのですか？」が適切。

(6) ア．ケイトの４番目のせりふに「競技場で写真を撮った」とあるので，テレビではなく実際に相撲を見に行ったことがわかる。イ．ケイトの５番目のせりふに「（競技場に）入ったとき，本当に興奮した」とある。ウ．「試合の前に，力士たちが土俵に現れて観客の前で儀礼を演じる」。ケイトの６番目のせりふを見る。内容と合う。エ．ケイトの８番目のせりふに，力士が塩を投げる理由が述べられている。オ．「相撲に関連する非常に多くの儀礼がある」。ケイトは６番目以降のせりふで，相撲の多くの儀礼について説明している。内容と合う。

【答】(1) many things about sumo by watching　(2) some photos　(3) silk aprons called Kesho-mawashi　(4) takes a few minutes before　(5) ア　(6) ウ・オ

◀全訳▶

ジェイソン：やあ，ケイト。日本へ旅行したって聞いたよ。滞在を楽しんだかい？

ケイト　　：ええ，すばらしかったわ！　相撲の試合を見たのよ。

ジェイソン：相撲だって？　すごいね！

ケイト　　：相撲を見たことがある？

ジェイソン：いや，だから相撲のことはほとんど知らないよ。ぼくが知っているのは，相撲が日本の伝統的なスポーツの１つで，試合は２人の体格の大きなレスラーによって行われることだけだよ。そうだよね？

ケイト　　：そう，それが基本的な考えよ。でも，私は試合を見ることによって相撲についてたくさんのことを学んだわ。

ジェイソン：わあ，ぼくに教えてよ。

ケイト　　：ええと，相撲には長い歴史を持つ伝統的な日本の儀礼があるのよ。私があなたに何枚かの写真を見せれば，もっとよくわかると思うわ。ほら，私はこれらを競技場で撮ったの。

ジェイソン：わあ，すごい観客だ！

ケイト　　：そうよ。観客は土俵の周りに座って見下ろすの。入ったとき，本当に興奮したわ。

ジェイソン：土俵に大勢の相撲のレスラーがいるのに戦っていないね…。何をしているんだい？

ケイト　　：試合前に儀礼をしているのよ。まず，レスラーが，日本語では力士だけど，土俵へ歩いて入るの。輪になって立って，格上の力士が土俵に入って短い儀礼を演じるのよ。

ジェイソン：彼らは何を身につけているんだい？

ケイト　　：「化粧まわし」と呼ばれる絹のエプロンをつけているわ。それらは彼らの支援者から与えられるのよ。

ジェイソン：豪華に見えるね。

ケイト　　：そうよ。試合のときも儀礼があるのよ。まず，口をゆすいで，タオルで体をふくの。次に，この写真でわかるように，塩を土俵に投げるのよ。それは土俵を清めてけがから守ることを意味するわ。

ジェイソン：ああ，なるほど。

ケイト　　：それから一連の動作があるのよ。土俵の真ん中で位置に着く前に，左右にゆすったり，足を踏みつけたりするわ。彼らはかがみこむ。一瞬，互いに見て，立ち上がって，体を伸ばして，またかがみこんで，後ずさって，自分のコーナーへ戻る。もう一度体をふいて，また塩を投げて，かがみこむ。試合を始める前に数分かかるのよ。でも，この動作が土俵からすべての悪を追い払うと信じているから，この過程は大切なのよ。

ジェイソン：おもしろいね！　どうやって勝者が決められるの？

ケイト　　：試合に勝つには，相手を土俵から押し出すか，土俵の中で倒さなくてはならないわ。もし，力

士が足以外で地面に触ったら，彼の負けよ。たとえ髪だけが地面にふれてもね。

ジェイソン：相撲は西洋のレスリングの様式とそんなに多くの違いがあるんだね。

ケイト　　：そうよ，もし相撲の背景を知ったら，もっと楽しめるわ。

ジェイソン：ぼくもぜひ相撲が見たいよ。

4．(1) ① 直前で「一番力のある人物は新聞の編集者であった」ということが述べられ，直後で「インターネットが影響を与えるようになってきた」と逆接の関係になっている。however =「しかし，けれども」。② 「『もちろん』，インターネットはたくさんの新しい言葉を私たちの言語の中にもたらした」。of course =「もちろん」。

(2) 下線部の it と直前にある it は同じものを指している。インターネットにアップロードし，世界中の人々が見ることができるものとは，スマートフォンのカメラで録画した「出来事の動画」のことである。

(3)「それらは困難な時期を迎えていると聞いています」という文。エに入れると「それら」は「新聞」を指し，直後に新聞の難しい現状の説明が続くので，文意が通る。

(4)「Aにとって〜することは…だ」= It is … for A to 〜。「ずっと困難な」= much harder。

(5) ア．アナウンサーの最初のせりふを見る。モニカはアメリカではなく，イギリスの一流大学に勤めてきた。イ．モニカの２つ目のせりふを見る。国内で一番力のある人物は新聞の編集者であると言っていたのは，モニカではなく一般の人々。ウ．「多くの新しい言葉がインターネットからやってきているとモニカは言っている」。モニカの３つ目のせりふを見る。「インターネットはたくさんの新しい言葉を私たちの言語の中にもたらした」とある。内容と合う。エ．「2011 年には人気のあるテレビ番組の視聴者が 1,500 万人以下だったとモニカは言っている」。モニカの３つ目のせりふの最後から３・４文目を見る。「1986 年には，人気のあるテレビ番組には 3,000 万人の視聴者がいた。25 年後，人気のあるテレビ番組の視聴者はその半数以下になった」と言っている。1986 年の 25 年後は 2011 年。3,000 万の半数は 1,500 万。内容と合う。オ．モニカの３つ目のせりふの５文目を見る。「残念なことに，インターネットは私たちをさらにばらばらにしてしまった」とインターネットがもたらしたマイナス面について説明している。

【答】(1) ① イ　② ア　(2) a video of an event　(3) エ　(4) much harder for newspapers to　(5) ウ・エ

◀全訳▶　（A ＝アンドリュー［アナウンサー］，M ＝モニカ，F ＝フレッド，D ＝ダミアン，L ＝リサ）

A：では，「専門家に聞く」の時間です。今週の専門家はモニカ・ジェソップさんです。彼女はイギリスの数々の一流大学に勤めてこられました。番組へようこそ，モニカ。

M：ありがとう，アンドリュー。

A：ではモニカ，最初の質問はフレッドからです。

F：ありがとう，アンドリュー。モニカ，メディアは私たちの考えを反映しているのでしょうか，それともメディアが私たちの考えをコントロールしているのでしょうか？

M：ああ，永遠の問題ですね，フレッド。人々はかつて，国内で一番力のある人物は新聞の編集者であると言っていました，何を一面に持ってきて，何が重要で何が重要でないのかを決めるのは編集者だからです。しかし，インターネットが影響を与えるようになってきました。今では，だれでもニュースを作ることができます。スマートフォンのカメラで出来事の動画を録画し，インターネットにアップロードすると，世界中の人々がそれを見ることができるのです。多くのサイトが，出来事を体験している人々から直接ニュースを伝えています。ですから，あなたの質問に対する答えは，メディアが私たちの考えをある程度コントロールしていますが，今では，自分たちの考えを反映させるために私たちがメディアを利用することもできるということです。

A：わかりました，ありがとう，モニカ。フレッド，質問をありがとう。次はダミアンです。こんにちは，ダミアン。あなたの質問は何ですか？

D：モニカ，あなたはインターネットがニュースを変化させてきたとおっしゃいました。他にインターネッ

トはメディアの世界をどのように変化させたのですか？

М：そうですね，もちろんインターネットはたくさんの新しい言葉を私たちの言語の中にもたらしました。インターネットが広まる前に，だれが「つぶやきサイト」という言葉を聞いたことがありましたか？　しかし，さらに重要なことは，インターネットがメディアをより双方向なものにしたことだと思います。あらゆる記事には読者のコメントがつき，あらゆるコンサートが批評されます。残念なことに，インターネットは私たちをさらにばらばらにしてしまったと思います。私たちはみんな違うものを見たり聞いたりしています。みんながテレビで同じものを見て，翌日職場や学校でそのことについて話していました。1986年には，人気のあるテレビ番組には3,000万人の視聴者がいました。25年後，人気のあるテレビ番組の視聴者はその半数以下になりました。私たちはもはや同じ経験を共有してはいないのです。私たちは違うものを見たり聞いたりしているわけです。

А：なるほど，ありがとう，モニカ，そして質問してくれてありがとう，ダミアン。リサからの質問時間を残すのみとなりました。

Ｌ：こんにちは，モニカ。

М：こんにちは，リサ。あなたの質問は何でしょう？

Ｌ：ええと，先ほど新聞について話をされましたね。新聞は困難な時期を迎えていると聞いています。私たちは将来も新聞を読んでいるのでしょうか？

М：ここ数年間，ほとんどの国は新聞の発行部数の減少を目撃しています。新聞にとって生き残ることはずっと困難です。問題は読者を失ったことだけではありません。アメリカでは，新聞は広告から約90パーセントの収入を得ています。発行部数が落ちると，広告に多くのお金を出したいと思う人が少なくなるのです。

А：わかりました，ありがとう，モニカ。「専門家に聞く」に参加してくださってありがとうございました。

5. (1) ① 遅れて来たことを謝られた後，アリスは「私は本を読んでいました」と話している。アの「大丈夫です。私にはすることがありました」が適切。② 2文前でジャニスがそんなに本を読むのが好きではないと言っていることに注目。「母は私にいつも本を読むように言いますが，『私はすぐに飽きてしまいます』」。「飽きる」＝ get bored。

(2)「あなたが好きな本」＝ books which you like。目的格の関係代名詞 which が後ろから books を修飾する。which は that でも可。the books you like と関係代名詞を省略した形も可。

(3)「Ａが〜するのを助ける」＝〈help ＋ Ａ ＋原形不定詞〉。「〜のままでいる」＝ keep 〜。

(4) ジャニスが「私にだってできる」と思ったこと。直前のアリスのせりふ中にある「フィクションをたった6分読むこと」を指している。

(5)「(それは)どういう意味なの？」という文。直前でジャニスが「脳が刺激を受ける？」とアリスの言葉を繰り返しており，その後アリスがその仕組みについて説明しているウが適切。

(6) ア．「アリスは『赤毛のアン』を今までに3回読んでいる」。アリスは2つ目のせりふで，「赤毛のアン」について「これで…4度目です」と話している。内容と合う。イ．アリスが小説を読んでアルツハイマー病について学んだとは書かれていない。ウ．「フィクションを読むことは体と心の両方に良い」。フィクションを読むことは，ストレスレベルを減らしたり，脳を活性化したりする。内容と合う。エ．アリスの6つ目のせりふを見る。本を読むことのほうが，音楽を聞くことよりもストレスレベルをより下げる。オ．コンピューターゲームをするとき，脳がストレスを感じるとは書かれていない。

【答】(1) ① ア　② イ　(2) find books which you like　(3) can help us stay healthy
(4) reading fiction for just six minutes　(5) ウ　(6) ア・ウ

◀全訳▶

ジャニス：ああ，ごめんなさい。遅れてしまったわ。

アリス　：大丈夫よ。することがあったから。私は本を読んでいたわ。

ジャニス：まあ，あなたは本を読むのが好きなの？　何の本を読んでいたの？

アリス　：「赤毛のアン」を読んでいたの。それは私のお気に入りの１つよ。これで…４度目ね。

ジャニス：へえ。あなたはその小説がすごく好きなのね。あなたはよく他の本も読むの？

アリス　：ええ。私は本を読むのが好きよ。だから，私はふつう１週間に２冊か３冊の本を読むわ。

ジャニス：本当に！　信じられないわ。実は，私はそんなに本を読むのが好きではないの。私は１年に２冊か
　　　　　３冊の本を読むわ。お母さんが私にいつも本を読むように言うけれど，私はすぐに飽きてしまうの。

アリス　：私はあなたがどのように感じているかがわかるわ。時々好きな本を見つけることは難しいものね。

ジャニス：あなたはふつうどのような種類の本を読むの？

アリス　：私は特に小説が好きよ。私はノンフィクションよりフィクションの本が好きだわ。ところで，私
　　　　　は本を読むことが私たちが健康でいることを助けることができると聞いたわ。特にフィクションを
　　　　　読むことは，私たちの体と心に良いのよ。

ジャニス：それは興味深いわね。ノンフィクションは私たちに新しい情報を与えてくれて，たぶん私たちの
　　　　　学習に役立つわ。でもフィクションの物語は，本当の話ではないわ。それらはただおもしろくてわ
　　　　　くわくするだけよ。それらはどんなふうに私たちの健康に良いの？

アリス　：フィクションの物語を読むことは，多くの点で良くなりうると新聞に書いてあったわ。何よりも
　　　　　まず，あなたが言ったように，フィクションを読むことは楽しみとよろこびを与えてくれるわ。そ
　　　　　れは，実際の生活でのストレスや自身の問題を忘れる機会を与えることができる。ある研究による
　　　　　と，フィクションをたった６分読むことは，ストレスレベルをおおいに下げることができるという
　　　　　ことよ。これは音楽を聞くことや散歩に出かける以上よ。

ジャニス：へえ。たった６分！　それなら私にだってできるわ。

アリス　：そうね。ところで，あなたはアルツハイマー病について聞いたことがある？　読書はアルツハイ
　　　　　マー病から脳を守ることができるのよ。

ジャニス：本当に？　どのようにしてそれが可能なの？

アリス　：フィクションを読むとき，脳が刺激を受けるの。

ジャニス：脳が刺激を受ける？　それはどういう意味なの？

アリス　：そうね。フィクションを読むとき，景色や音や匂いや味のような，物語の中の状況を想像するわ
　　　　　ね？　それらを本当に経験しているわけではなく，ただ想像しているだけにもかかわらず，そのと
　　　　　きに脳のいろいろな領域がよく働き始めるの。新聞には，テレビを見ているときやコンピューター
　　　　　ゲームをしているときには，そのことは起こらないと書いてあったわ。このようなことをするのは，
　　　　　脳を若く保つために重要なの。

ジャニス：興味深いわ！　すると，脳が年を取るのを止めるために，実際の生活において，いつも何かを経
　　　　　験しなくてはならないわけではないのね。

アリス　：その通りよ。フィクションを読むことは，想像力を高めるだけではなく，脳の問題からあなたを
　　　　　守ることやあなたのストレスレベルを下げることによって，あなたを健康に保つことができるのよ。
　　　　　フィクションを読んでみてはどう？　６分だけで十分なのよ。それは少しも難しくないでしょう。

6. (1) 直後でヘレンは「一人にしておいてくれる？」と言っている。また，ヘレンの２番目のせりふより，ヘレ
　　ンは小論文の宿題を仕上げなければならない。

(2)「～について習ったことがある」= have learned about ～。「学校で」= at school。

(3) 直後の３文で「国際交易によって，裕福な国々はより裕福になり，貧しい国々はより貧しくなる」，「自分
　　自身の文化が持つ特別なものを各国が失ってしまうかもしれない」という「問題」が述べられている。

(4)「どうやって～するか」= how to ～。「書き始める」は「書くことを始める」と考え，start writing とする。

(5)「次は，より早く始めなさい」という文。アドバイスしているジミーのせりふであるエが適切。

(6) 中心となる考えを簡潔に伝えることによって，「読者はあなたが何を言いたいかをよりよく理解することができる」。

(7) ア．ジミーとヘレンの４番目のせりふを見る。ヘレンはグローバリゼーションがアメリカでは普通のことであると思っている。イ．ジミーは小論文を書くためのアドバイスをヘレンにしてあげたが，ヘレンの代わりに書いてあげようとは思っていない。ウ．ヘレンの最後から３番目のせりふを見る。ヘレンは宿題の小論文が書けそうだと思っている。エ．「ジミーはヘレンが十分に早くから宿題をやり始めたとは思っていない」。ジミーの最後のせりふを見る。内容と合う。

【答】(1) ウ　(2) have learned about it at　(3) ア　(4) know how to start writing　(5) エ　(6) イ　(7) エ

◀全訳▶

ジミー：ねえ，ヘレン。新しいテレビゲームがあるんだ。一緒にやらない？

ヘレン：忙しいの。一人にしておいてくれる？

ジミー：どうしたの。何かあった？　リラックスして！

ヘレン：ごめんなさい，ジミー。あなたのせいではないのよ。明日までに小論文の宿題を仕上げなければならないの。でもどう始めればいいのかもわからないのよ。

ジミー：テーマは決まっているの？

ヘレン：「グローバリゼーション」よ。でもそれが何を意味するのかがわからなくて…。

ジミー：それについて学校で習ったことがあるよね？　でもそれについて教えてあげよう。世界，つまりこの地球は「グローブ」と呼ばれている。何かをグローバル化するということは，国際化するということなんだ。こんなふうに言ってみよう。ここアメリカではハンバーガーを食べることができる。でも日本の食べ物であるスシも食べることができる。同じように，日本人はハンバーガーを食べる。でも日本人はオーストラリアからハンバーガー用の肉を買っていて，その肉は中国で加工されていて，そして，インド人が日本のハンバーガー店で働いているかもしれない。

ヘレン：うわあ，でもそれはアメリカでは特別なことではないわ。

ジミー：そう，でも問題がある。世界の人々の生活水準は様々なんだ。国際交易によって，裕福な国々はより裕福になり，貧しい国々はより貧しくなるという人もいる。世界中で人々が同じものを持ちたいと思っているため，自分自身の文化が持つ特別なものを各国が失ってしまうかもしれないという人もいる。

ヘレン：なるほど。アイデアが浮かんだわ。でも，どうやってエッセイを書き始めたらいいかわからないの。

ジミー：アドバイスをいくつかしてあげよう。先ず「ブレインストーミング」をすればいい。僕たちの生活には「グローバル化された」ものがとてもたくさんある。紙に思いついたことを書いてみるんだ。次に，何について一番書きたいのかということを考えてみて，そのうちの一つを選ぶんだ。小論文の結論をしっかりと頭に入れておくこと。そのテーマで小論文を書き終えることができそうだと思ったら，準備ができたということなんだ。

ヘレン：わかったわ。やってみる。

ジミー：それから，テーマとなる文を書くんだ。中心となる考えを簡潔に伝えるんだよ。そうすれば，読者は君が何を言いたいかをよりよく理解することができる。

ヘレン：ああ，なるほど。確かにそうね。

ジミー：テーマとなる適切な文が書けたら，中心となる考えを補っていくんだ。テーマに対する例や事実を述べればいい。この段階で調査をしてもいい。書き始める前に小論文の概要を作るんだ。もう一度中心となる考えで小論文を終えること，なぜならそれが君の言いたいことだからね。

ヘレン：わかったわ。ずっとすっきりした。できそうな気がするわ。どうもありがとう。準備ができたわ。

ジミー：書き終えたら間違いがないか必ずチェックすること。それからあと一つとても大切なアドバイスがあるんだ。

ヘレン：わかったわ。

ジミー：次は，より早く始めること。たっぷり時間があったのに，最後まで始めなかっただろう。

ヘレン：ああ，ジミー，そのアドバイスはとてもありがたいわ。でも私がわかっていないことを教えてくれる？

7. (1) ① 直後で，太郎が「おみやげ」という言葉を説明していることに注目。② 太郎の説明を聞いて，リサは「おみやげ」という言葉の意味を理解した。③ 姉は食品を一つもハワイから持ち帰らなかったとリサから聞き，太郎は「本当ですか？」と返答した。

(2)「〜する必要はない」＝ don't have to 〜。主語が My sister なので，don't は doesn't になる。

(3)「〜するのはどう？」＝ How about 〜ing?。

(4) リサと太郎はおみやげを探しにスーパーマーケットに行こうとしていること，下線部を含む部分は「たとえそれらがおみやげとして売られていなくても」という意味であることに注目。「それら」はおみやげとして売られていないが，スーパーマーケットで買うことができるおみやげになるものを指す。other unique things to eat from New York ＝「ニューヨークの他の特別な食品」。

(5) ア．「ハワイのフルーツをおみやげとして持ち帰ることは難しい」。リサの5つ目のせりふを見る。内容と合う。イ．「マカダミアナッツチョコレートはハワイで有名である」。太郎の6つ目のせりふと直後のリサの返答を見る。内容と合う。ウ．太郎は最後から4つ目のせりふで「飛行機でホットドッグを持ち帰ることはできない」と話している。エ．リサは最後から3つ目のせりふで「アメリカには日本にあるようなおみやげの食品はないと思う」と話している。また，アメリカと日本のおみやげの数は比較されていない。オ．「ハワイのスーパーマーケットでは，ニューヨークで作られた箱に入っているおみやげを買うことができる」とは述べられていない。

【答】(1) ① イ ② オ ③ ウ (2) doesn't have to buy them (3) about going to the supermarket
(4) other unique things to eat from New York (5) ア・イ

◀全訳▶

太郎：ニューヨークの良いおみやげって何かな？

リサ：「おみやげ」って何？

太郎：ああ，ごめん。ぼくはその英単語を知らないんだ。ええと，おみやげはどこか新しい所へ旅行するとき，家に持って帰るプレゼントのことだよ。

リサ：わかったわ。あなたは「souvenirs」のことを言っているのね。

太郎：「souvenirs」は英語で「おみやげ」を意味するんだね？

リサ：そう思うわ。他の都市や国を訪問したときの小さなプレゼントのことよね？　私の姉が私にハワイのキーホルダーを買ってくれたように。それには私の名前があるのよ！　ここにあるから，見て！

太郎：その通りだ，きみのお姉さんはハワイへ行ったんだね！　わあ，それはとてもかわいいよ。何てすてきなおみやげなんだ！　彼女はどんなおいしい食品を持って帰ったの？

リサ：彼女は食品を一つも持ち帰らなかったわ。

太郎：本当かい？　それは変だね。ハワイには多くのおいしいフルーツがあるんじゃないかな？

リサ：ええ，もちろん，ハワイのフルーツは有名よ，でも，スーツケースに入れて家に持ち帰るのは難しいわ。

太郎：でも，彼らはおみやげとして持ち帰るのが簡単なフルーツの入ったケーキやクッキーなどを作らないのかな？　ねえ。マカダミアナッツチョコレートはどうなの？　それらはハワイでは有名ではないの？

リサ：そうね，有名よ，でも私はここニューヨークでそれを買うことができるのよ。私の姉は持ち帰るためにハワイでそれらを買う必要はないわ。

太郎：でも，日本では，もしぼくがハワイへ行くときや，あるいは，日本の他の都市へ行くときでさえ，その都市から何かおいしい食品を持って帰ったほうがいいんだ。それがおみやげだよ。

　リサ：なるほど，それじゃあ，私は「おみやげ」は「souvenirs」とは少し違うと思うわ。

　太郎：ニューヨークはどうかな，ここの有名な食品は何？

　リサ：ニューヨークの有名な食品？　ああ，それは絶対にホットドッグね！　もし，誰かがニューヨークへ来るなら，絶対にニューヨークのホットドッグを食べたがるわ！

　太郎：すごいね，でも，ぼくは飛行機でホットドッグを持ち帰ることはできないよ。それはあまりにも難しい。持って帰るのに簡単なものは何？

　リサ：ええと，ここアメリカには，日本にあるようなおみやげの食品はないと思うわ。私たちもいろいろな都市に，人気があったり有名だったりする食品があるけど，それらを持ち運ぶのは簡単ではないわ。その都市に行ったときに，それらを食べなくてはいけないのよ。それは旅行での楽しみの一つよ。

　太郎：うん，それは絶対に楽しいね，でも，ぼくがニューヨークから何かおいしいものを持って帰らなければ，父は本当に悲しむよ。

　リサ：ごめんなさい。スーパーマーケットへ行くのはどう？　あなたは持ち帰るための気に入ったクッキーを買うことができるわ。それらはニューヨークでは特別ではなくて，おみやげのように箱がきれいではないけれど，あなたは本当にそれらを気に入るわ。たぶん。

　太郎：それはいい考えだね。たとえ，それが特別なおみやげではなくても，それでもアメリカからの特別なプレゼントになるよ！　放課後に行くことができるかな？

　リサ：いいわよ，それに私たちは今週末にもっと大きいスーパーマーケットに行くこともできるわ。おそらく，私たちは，たとえおみやげとして売られていなくても，ニューヨークの他の特別な食品を見つけることができるでしょう。私たちはあなたの家族にすてきなおみやげを見つけることができると思うわ。

　太郎：ありがとう，本当に助かるよ！

8. (1) ①「小学校での6年間を終えるのにずいぶん時間がかかった」。「～するのに（時間が）…かかる」= It takes … to ～。②「毎年次の誕生日を待っていたのを覚えている」。「～を待つ」= wait for ～。

　(2)「それは変だね」という意味。アに入ると，アリスの「小動物は時間がスローモーションで過ぎているように感じている」というせりふの応答となり，文意が通る。

　(3)「～の…倍くらい速く」= about … times as quickly as ～。quickly は fast でも可。

　(4)「～したことがありますか？」は現在完了の疑問文〈Have + 主語 + 過去分詞～?〉で表し，「今までに」という意味の ever は主語のあとに入る。「～な状態になる」= be in a ～ situation。

　(5)「なぜ子どもたちが～するのか」は間接疑問〈疑問詞 + 主語 + 動詞〉で表す。「～と感じる」= feel that ～。that は接続詞なので，あとには〈主語 + 動詞〉が続く。

　(6) よく知っていて新しい記憶が必要でないもの。直前の「同じこと」を指している。

【答】(1) ① エ　② ア　(2) ア　(3) about four times as quickly　(4) you ever been in a
　　(5) why children often feel that　(6) the same things

◀全訳▶

　トム　：アリス，週末は楽しかった？

　アリス：いいえ，あまりにもすぐに終わってしまったわ！　飛ぶように過ぎてしまったし――すぐに経ってしまうという意味だけれど――また仕事に逆戻りだわ！

　トム　：そうだね。君の気持ちはわかるよ。子どもの頃とは違うよね。小学校の頃は，たった1週間でも長い時間に感じられた。小学校での6年間を終えるのにずいぶん時間がかかったよ。

　アリス：ははは。そうね，毎年次の誕生日を待っていたのを覚えているわ。1年が100年のように感じられたのよ！

　トム　：誰にとっても――動物にとってさえ――時間が同じスピードで流れていると思う？　僕のネコはたいてい1日中何もせずに眠っているんだ。どうして彼女は退屈しないんだろう。彼らの時間の感覚は

僕たちのものとは違うのかな？

アリス：いい質問ね。その答えはイエスよ，トム！　最近の研究によれば，小動物は時間がスローモーションで過ぎているように感じているのよ。

トム　：それは変だね。彼らは僕たちの言葉をこんなふうに聞いているのかな：ゆ…っ…く…り…と…話…し…て…い…る？

アリス：ふざけないでよ，トム！　小さな昆虫や小さな鳥などのような小動物は大型の動物よりも一定の時間——例えば１秒間——により多くのものを見ることができるということよ。

トム　：時間がそんな感じでゆっくりと進むと１日がとても退屈になるように思えるよ！　彼らにとってこれがどんな役に立つの？

アリス：より大きな動物から逃げる時間を与えてくれるの。小さな昆虫の目は人間の目の４倍くらい速く動くことができると聞いたわ。

トム　：うわあ，昆虫はとてもすばやいんだね。

アリス：そうよ。小動物はたいてい私たちよりも多くの情報を処理することができるのよ。でも危険な状況になると私たちの脳は普段とは違うことをするの。より速く情報を処理するために脳がとても活発に活動し始めるの。その結果，私たちは同時に多くの異なることを考えたり感じたりするのよ。あなたは今までに危険な状態になったことがある？

トム　：うん，10才のときに庭にある大きな木から落ちたんだ。

アリス：あらまあ！　あなたの脳は活発に働いたの，トム？

トム　：うん。僕の上できらめく太陽や，空を流れる雲，僕の上にある木でカサカサと音を出す葉っぱの鮮明な記憶がある。お母さんがキッチンの窓から叫んでいた。ほんの数秒の間にそれだけ多くのことを経験したよ。

アリス：まあ，かわいそうなトム！　ケガをしたの？

トム　：したよ，――でも骨折はしなかった。

アリス：それはよかった。さて，これが私たちの脳に関するもう１つの特別なことなの！　ショッキングな状況や新しい状況になると，脳は起こっている全ての小さなことまで記録し始めるの。だからあなたはそんなにも鮮明に木から落ちたことを覚えているのよ。長い時間だと感じた？

トム　：そうだね，感じたよ。

アリス：ショッキングな状況と同様に，新しい出来事の記憶がより多くあれば，より長い時間がかかったと感じるの。この考えはなぜ子どもたちがしばしば１年はとても長いと感じるのかを説明しているのよ——彼らの経験が新しいものであり，彼らが新しい記憶をたくさん創り出しているわけだから。

トム　：僕たちのような大人は同じことばかりしていて，それらはとてもよく知っていることなので新しい記憶が必要ではないんだね。でもこの記事の中で，科学者がどのようにいい方法で時間をより長くすることができるかについて語っているよ！　「もし週末をたくさんの異なる新しい活動をして過ごすことができれば，その週末は長く感じられるし，より楽しむことができるだろう」

アリス：今週末は私たちもそうするべきね，トム。どう思う？

トム　：賛成だ。ハチのように忙しく動き回って新しい記憶をたくさん創り出すことにするよ。

9. (1)「私たちのために時間を作ってくれてありがとう」。「時間を作る」= make time。

(2) ティムの「はい，そうです。８月にこちらに来ました」という返答から考える。Yes, it is.と答えていることにも注目。Is this your first time to come to ～?=「～に来るのは今回が初めてですか？」。

(3)「～してわくわくする」= be excited to ～。「みこしを担いでいる人々」は現在分詞の後置修飾を使い，people carrying *mikoshi* とする。

(4) 直後で，ティムが日本人の麺類の食べ方に違和感があると伝えていることに注目。自分の国とは違うと感

じたことはないかと尋ねる文が入る。Is there anything you felt different from ～?＝「～とは違うと感じたことが何かありますか？」。anything のあとには目的格の関係代名詞が省略されている。

(5) 直前のティムのせりふを見る。ティムは「バス停にいたとき、みんなにじろじろ見られて気分が悪かった」と言っている。

(6)「～することは…だ」という文なので、名詞的用法の不定詞が主語になり、動詞が is になる。「新しい言語や文化」＝ a new language and culture。

(7)「それに、彼らは僕の国よりも多くのコミュニケーションをとっています」という文。エに入ると、「彼ら」は「日本の生徒や先生」を指し、文意が通る。

(8)「A に～させる」＝〈let ＋ A ＋原形不定詞〉。「A に B をたずねる」＝ ask A B。「最後の」＝ the last。

(9) ア.「ティムは日本人と日本の気候についての印象を述べている」。ティムは4つ目のせりふで、「人々が親切だ」「夏はとても暑い」と答えている。内容と合う。イ.「ショウタはティムに地元のお祭りで会った」とは述べられていない。ウ.「ティムは箸で麺類を食べている日本人を見て、変だと感じた」。ティムの7つ目のせりふを見る。内容と合う。エ. ショウタの最後から3つ目のせりふを見る。ティムに部活動についての質問をしたのはショウタである。オ. ティムは最後から2つ目のせりふで、「社会や経済についても学びたい」と述べている。

【答】(1) エ　(2) イ　(3) excited to see people carrying　(4) ウ　(5) エ　(6) new language and culture is
(7) エ　(8) me ask you the last　(9) ア・ウ

◀全訳▶

ショウタ：こんにちは、ティム。お会いできてうれしいです。私たちのために時間を作ってくれてありがとう。

ティム　：こんにちは。

ヒナ　　：こんにちは、ティム。私たちは生徒会メンバーです。私たちは学校新聞を作るため、あなたにインタビューをしようと思っています。準備はいいですか？

ティム　：はい。

ショウタ：まず、あなた自身について聞きたいと思います。日本に来るのは今回が初めてですか？

ティム　：はい、そうです。8月にこちらに来ました。

ショウタ：日本や日本人に対するあなたの印象について話していただけますか？

ティム　：そうですね…。人々は親切で、食べ物はおいしくて、街はにぎやかで、夏はとても暑いです。

ヒナ　　：あなたの言う通りですね。あなたは生徒の家に滞在しているのですか？

ティム　：はい、今はリョウタの家に滞在しています。彼の家族のところに滞在できて楽しいです。彼らは僕に親切にしてくれます。先週、ホストマザーが僕を地元のお祭りに連れていってくれました。そこで、僕はそのお祭りにとても興味を持ちました。僕はみこしを担いでいる人々を見てわくわくしました。大勢の人々がそこに来ていました。僕はリョウタの友だちと話したり、屋台の食べ物を食べたりして楽しみました。

ショウタ：それはよかったですね。日本のいくつかの地域では、一年のこの時期になると収穫を祝う伝統があるのです。あなたがホストファミリーと楽しく過ごしていてうれしいです。

ティム　：ありがとう。地元の行事に行くことができてよかったです。

ヒナ　　：次の質問です。あなたの国とは違うと感じたことが何かありますか？

ティム　：はい、ありますよ。日本人の麺類の食べ方がとても変だと思うのです。彼らはお箸を使い、音まで立てるのです！　初めて見たとき、僕は少し気味悪く感じました。

ショウタ：そうかもしれませんね、でもそれが私たちの麺類の食べ方なのです。

ティム　：へえ。

ショウタ：他に何かあなたが不自然だと思うことはありますか？

ティム　：ああ，実は，人々からじっと見られるときに不快でした。例えば，僕がバス停にいたとき，みんなが僕のことをじろじろ見たのです。どうして彼らがそんなことをするのかわかりませんでした。

ショウタ：それを聞いて気の毒に思います。でも彼らは単に好奇心が強かっただけなのです。彼らはあなたと話したかったのです。気にしないでください。

ティム　：わかりました。

ヒナ　　：私からあと２つ質問させてください。クラスでは楽しい時間を過ごしていますか？

ティム　：もちろんです，友だちのおかげで，毎日学校を楽しんでいます。僕はどの科目の勉強も好きです。数学と理科が得意です。それに，新しい韓国語の教科を学ぶのも楽しんでいます。新しい言語や文化を学ぶことはとても面白いです。

ヒナ　　：それはよかった。あなたは熱心に勉強していますね。

ショウタ：あなたは現在，何かクラブに所属しているのですか？

ティム　：はい，先月サッカー部に入りました。放課後は毎日友だちとグランドに行き，サッカーをしています。しかし，僕の国では，スポーツがしたい生徒たちは他の場所に行かなければなりません。指導に料金まで支払うのです。日本の生徒や先生が課外活動にとても多くの時間を費やしていることに僕は驚きました。それに，彼らは僕の国よりも多くのコミュニケーションをとっています。

ショウタ：わかりました。あなたのおかげで，異なる学校のシステムを学ぶことができます。

ヒナ　　：では。私に最後の質問をさせてください。あなたは将来何がしたいのですか？

ティム　：そうですね，僕は３か国語以上が使える上手な通訳になりたいと思っています。それが僕の夢です。僕は熱心に勉強を続けます。将来の仕事の準備ができるように，社会や経済についても学びたいと思います。自分自身の国の外での経験が僕の夢の実現に役立つだろうと信じています。

ショウタ：素晴らしい夢を持っていますね。頑張ってください。では，これで終わりです。今日は本当にありがとうございました。

ティム　：どういたしまして。

ヒナ　　：どうもありがとうございました，ティム。

10. (1) 浩の５番目のせりふを見る。写真の中でジュディはホワイト先生の祖父の靴を脱がそうとしていた。

(2) 直前の美香のせりふを見る。介助犬は飼い主がベッドから起きたり，靴を脱いだり，家族に電話をかける手伝いまでしてくれるということを聞いて，浩は介助犬がとても「賢い」と思った。

(3)「ジュディがドアを開けてくれたり，バッグを運んでくれたり，外出するときにはエレベーターのボタンまで押してくれたりする」ことから考える。「ジュディの手助けがあればより簡単に多くのことができる」ので，ホワイト先生の祖父は毎日の生活を楽しんでいる。

(4) 1.「アメリカには日本よりも多くの介助犬がいるのですか？」。美香の４番目のせりふとホワイト先生の７番目のせりふを見る。日本にいる介助犬の数が70頭から80頭であるのに対して，アメリカの介助犬の数は2,000頭以上なので，Yes で答える。2.「浩はなぜ，英語発表コンテストで介助犬について話したいと思っているのですか？」。浩の８番目のせりふを見る。友人たちに介助犬に興味を持ってもらうことが大切だと浩は思っている。

(5) ア.「祖父からのＥメールによって良いニュースを知ることができたため，ホワイト先生は喜んでいる」。ホワイト先生の２番目のせりふを見る。内容に合う。イ．ホワイト先生に新しい友達ができたわけではない。ウ．ホワイト先生の３番目と４番目のせりふを見る。ジュディは女の子ではなく，介助犬である。エ．浩の４番目のせりふを見る。浩は介助犬について聞いたことがない。オ．「美香と浩は日本でより多くの介助犬が持てるように何かを始めるべきだと考えている」。美香の５番目のせりふと浩の８番目のせりふを見る。内容に合う。カ．ホワイト先生の６番目のせりふを見る。アメリカにも人々が介助犬と一緒に快適に

暮らす権利を与える法律がある。

(6) ホワイト先生の最後のせりふを見る。ホワイト先生は浩の発表のために，介助犬に関する「情報」や，ジュディが彼のために働いている「写真」をあと何枚か送ってくれるよう祖父に頼むと言っている。

【答】(1) イ　(2) ア　(3) エ　(4) 1. Yes, are　2. important, interested　(5) ア・オ
(6) ④ information　⑤ pictures

◀全訳▶

浩　　　　　：今日はうれしそうですね，ホワイト先生。

ホワイト先生：はい，浩。どうしてなのか知りたいですか？　これを見て下さい。

美香　　　　：その紙に良いニュースが書いてあるのですか？

ホワイト先生：そうですよ，美香。これはアメリカの祖父からのＥメールです。彼は新しい友達とちょうど一緒に暮らし始めたと言っています。彼女の名前はジュディです。彼女は４歳です。彼女は毎日彼の手助けをしています。Ｅメールの中で，祖父はジュディが本当に生活を変えてくれたとも言っています。

浩　　　　　：先生の言っていることの意味がわからないのですが。先生のおじいさんと一緒に暮らしている４歳の女の子が彼の手助けをするのですか？

ホワイト先生：実はね，浩，ジュディは「女の子」ではありません。祖父がＥメールに添付してきたこの写真を見て下さい。

美香　　　　：まあ，ジュディというのは犬なのですね！　とてもかわいい。

浩　　　　　：つまりおじいさんはペットとして犬を飼い始めたわけですね。写真の中で，ジュディはおじいさんの靴で遊んでいて，おじいさんがほほ笑んでいます。

ホワイト先生：あのね，浩，ジュディはペット犬ではなく介助犬なのです。

浩　　　　　：介助犬？　聞いたことがありません。美香，君はどう？

美香　　　　：浩，昨年の社会科の授業で補助犬について習ったのを覚えている？　補助犬は障がいのある人を助けるために特別な訓練をされているの。日本には盲導犬，聴導犬，介助犬の3種類の補助犬がいるのよ。介助犬は飼い主がベッドから起きたり，靴を脱いだり，家族に電話をかける手伝いまでするのだということを本の中で読んだわ。

浩　　　　　：うわあ！　介助犬はとても賢いんだね。では，写真の中でジュディはおじいさんの靴を脱がそうとしているのですか，ホワイト先生？

ホワイト先生：その通りです。祖父は車椅子を使っています。介助犬は車椅子を使っている人の手助けができるのです。Ｅメールの中で，祖父はジュディが彼のためにドアを開けてくれたり，バッグを運んでくれたり，外出するときにはエレベーターのボタンまで押してくれたりすることもあると言っています。ジュディの手助けがあればより簡単に多くのことができるので，彼は毎日の生活を楽しんでいると思います。

浩　　　　　：おじいさんが「ジュディが本当に生活を変えてくれた」と言った理由が今わかりました。ところで，美香，日本の介助犬についてもう少し教えてくれる？

美香　　　　：いいわよ。日本には今，約70頭から80頭の介助犬がいるの。日本には介助犬の飼い主を手助けする法律があるの。その法律には飼い主は介助犬と一緒にホテルに宿泊したり，レストランに入ったり，列車に乗ったりすることができると書いてあるのよ。

ホワイト先生：アメリカにも，人々が介助犬と一緒に快適に暮らす権利を与える同じような法律があります。

浩　　　　　：アメリカにはどれくらい介助犬がいるのですか？

ホワイト先生：アメリカには2,000頭以上の介助犬がいると祖父が言っていました。しかし介助犬を持つ機会を待っている障がいのある人がまだたくさんいるので，もっと多くの介助犬が必要です。

美香	：2,000頭以上？　そんなにたくさん？　日本でも，もっと多くの介助犬を持てるように何かを始めるべきだと思います。
浩	：僕もそう思う。友人たちに介助犬に興味を持ってもらうことが大切だね。障がいのある人にとって介助犬を持つことがどれほど必要なことであるかがわかれば，友人たちも日本でより多くの介助犬が持てるように何かをしようとするだろう。
美香	：私もそう思う。でもどのようにして？
浩	：アイデアがあるんだ。来月の英語発表コンテストに参加しようと思う。そして発表の中で，介助犬が僕たちの地域社会の中の素晴らしいメンバーであることを示すことができる。
ホワイト先生	：浩，なんて素敵なのでしょう！　あなたの発表のために，介助犬に関する情報や，ジュディが彼のために働いている写真をあと何枚か送ってくれるように祖父に頼みます。
浩	：どうもありがとうございます，ホワイト先生。おじいさんと彼のかわいい友人に「ありがとう」と伝えておいて下さい！

Chapter2　長文総合　　解答・解説

（26 ページ）

1. (1) 直後に「当時は陸にも海にも氷がなかった」とあるので，恐竜が生きていた時，「地球の気候は今よりずっと暖かかった」と考える。

(2) 「～ほど…でない」= not as … as ～。

(3) 「『デイ・アフター・トゥモロー』は，急激に起こる変化に関する映画である」。主格の関係代名詞の that を入れ，that 以下が a change を修飾する形にする。

(4) 気候変動の危険性を説明するにあたって，アル・ゴアは「どのように」地球の気候が変わってきたのかを映画の中で描いた。

(5) 「～しなければならない」= must ～。「何か」= something。

(6) ア．「何百万年も前の海の水位は今日より高かった」。第1段落の最終文に合う。イ．第3段落の2文目，第4段落の1文目，第5段落の1文目を見る。気候の変化は地球外からの原因だけではなく，複数の原因によるものである。ウ．第4段落の3文目を見る。クラカタウ火山の噴火後，空が暗かったのは数か月間である。エ．第5段落の2文目を見る。2000年の地球は1900年より暖かかった。オ．「アル・ゴアは自分の映画の中で気候変動の危険性について私たちに語った」。最終段落の2・3文目に合う。

(7) 第2段落の2文目を見る。氷河期が始まったのは約20,000年前。

【答】(1) ウ　(2) high as it is today　(3) イ　(4) イ　(5) Must we do something about　(6) ア・オ

(7) It started（または，began）about 20,000 years ago.

◀全訳▶　地球はとても古いです。それは長い歴史の中で度々変化し，今も変化し続けています。何百万年も前，恐竜が生きていた頃，地球は今よりずっと暖かかったのです。その時，世界の陸や海，さらに極北あるいは極南の地域にも氷はありませんでした。そして海は今日より，はるかに水位が高かったのです。

　その時から多くの変化が起こり，時には気候が暖かく，時には寒くなりました。例えば，約20,000年前には，氷河期と呼ばれる時代が始まりました。世界の大部分が氷で覆われ，それは北アメリカやヨーロッパの大部分で深さ3kmに達しました。そして海（の水位）は今日ほど高くはありませんでした。気候は何度も変化し，それは再び変わることでしょう。

　なぜ気候は変わるのでしょうか？　時にその変化は地球の「外」からやってきます。例えば，地球は太陽

の周りを回り，それは地球の軌道と呼ばれています。数千年ごとに，太陽を周回する地球の軌道は変わります。その変化は緩やかに起こり，地球が太陽に近づいたり，太陽から地球が遠くなったりします。これが起こると，氷河期が終わったり，あるいは新たな時代が始まったりするのです。

　変化は地球の「中」から起こることもあります。この例の１つはクラカタウ火山です。それが1883年に噴火した時，多くの国々で空が暗くなり，何か月もの間，暗いままでした。そして１年以上の間，地球の温度はそれ以前より１℃低かったのです。

　しかし今では，初めて，「人間」が気候を変えています。2000年の地球の気温は，たった100年前である1900年よりも0.7℃高くなりました。この変化は地球の軌道が原因で起こったのではなく，私たち人間が原因で起こったのです。これは小さな変化だと言う人がいます。しかし，次のことについて考えてみてください。たった５℃から７℃の変化によって氷河期が始まる場合もあれば，終わる場合もあるのです。気候の変化は急に起こるのでしょうか，それとも緩やかに起こるのでしょうか？　「デイ・アフター・トゥモロー」は，急激に起こる変化に関する映画です。その映画の中では，地球の気候がほんの数日で変わり，新たな氷河期が世界の北部で起こります。

　気候はこのように変わるのでしょうか？　科学者は，変わる可能性はあるが，このように急激には変わらないと考えています。科学者はいつも意見が一致しているわけではありません。気候が大きく変わっていると考える科学者もいれば，少し変わっていると考える科学者もいます。急に変わるだろうと考える科学者もいれば，ゆっくり変わるだろうと考える科学者もいます。しかし，あらゆる科学者が一致しているのは，気候の変化が起きているということです。重要な問題は，その変化はどれくらい危険なものなのか，ということです。

　アル・ゴアは，1993年から2001年までアメリカのクリントン大統領のそばで働いていた男性ですが，彼はその変化が危険なものであると考えています。彼の映画である「不都合な真実」の中で，アル・ゴアは地球の気候がどのように変化してきたかを描いています。彼は20年以上の気候変動の危険性について語りましたが，彼は正しいのでしょうか？　気候の変化は危険な問題なのでしょうか？　私たちはそれに関して何かしなければならないのでしょうか？　そして何が「できる」のでしょうか？

2．(1)「～のように見える」= look like ～。「明るい星」= a bright star。

(2)「～しなければならない」= must ～。「～の使い方」= how to use ～。

(3) 直前の文で述べられていることを指している。their muscles and bones become weaker =「彼らの筋肉や骨が弱くなる」。

(4) 同じ段落の１文目に「ISS の乗組員にとって最も大切なことは，『健康を保つ』ことである」と述べられている。乗組員は無重力状態でも器具を使って運動し，「健康を保つ」ことができる。

(5) 同じ文の前半にある「１日に３回の食事をとる」ことを指している。

(6) ④「～とは見た目が違っている」= look different from ～。⑤「～に似ている」= be similar to ～。

(7) 直前の「ISS で何かを飲むときには，ストローを使わなければならない」という文から考える。もし「ストローを使わなければ」，飲み物があたりを漂い，周囲の機器に損傷を与えてしまう。

(8) ア．第１段落の５文目を見る。ISS は肉眼で見ることができる。イ．「ISS の機器は毎日乗組員によって管理されている」。第２段落の４文目以降を見る。正しい。ウ．第３段落の４文目を見る。ISS の乗組員は毎日運動をする。エ．ISS の乗組員は栄養の専門家が選んだものしか飲食しないという記述はない。オ．最終段落の９文目を見る。ISS で食べる宇宙食は地球で食べる食事に似ていると多くの宇宙飛行士が言っている。カ．「宇宙飛行士は何か月も宇宙に滞在するので，運動をしないと体力に影響が出る」。第３段落の３文目を見る。正しい。

【答】(1) looks like a bright star　(2) must know how to use　(3) ウ　(4) stay healthy

(5) have three meals a day　(6) ④ ア　⑤ エ　(7) use a straw　(8) イ・カ

◀全訳▶　1950年代後半から世界の多くの国々が宇宙へ人工衛星を送り込んできた。現在，4,400以上の人工

衛星が地球の周りを回っている。国際宇宙ステーション（ISS）はそれら全ての中で最大のものである。ISS は地球から約 400 キロメートルの上空を時速約 28,000 キロメートルの速度で飛んでいる。実際に，あなたは肉眼で夜空にそれを見つけることができる。地球からだと，それはとても速く移動する明るい星のように見える。

　現在，通常は 6 人の訓練された宇宙飛行士が乗組員として ISS に滞在し，その乗組員は 6 か月ごとに交代している。毎日するべきことがたくさんあるため，ISS の乗組員は滞在中とても忙しい。ISS を良い状態で安全な状態に保つため，彼らはたいてい 1 日に 10 時間から 12 時間働く。ISS や ISS の機器に予期せぬことが起きたとき，彼らはできるだけ早くその問題を解決しなければならない。時には，彼らが自分で機器の壊れた個所を修理しなければならないこともある。これらの理由から，ISS の全ての乗組員は ISS の全ての機器の使い方を知っておかなければならない。何の問題もなく作動していることを確かめるため，彼らは毎日機器のチェックをする。

　ISS の乗組員にとって最も重要なことは，長期間にわたる宇宙飛行の間，健康を保つことだ。宇宙では，乗組員は重力と戦う必要がないため，あまり力を使わずに動き回ったり，重いものを移動させたりすることができる。あまり力を使わないと，彼らの筋肉や骨が弱くなり，何か月も宇宙にいる間に，彼らの体力は落ちてくる。この問題を解決するため，ISS の乗組員は毎日運動をする。ISS には数種類の運動用器具があり，これらの器具で運動することによって，ISS の乗組員は無重力の状態でも健康を保つことができる。

　食事から十分な栄養を摂取することも ISS の乗組員にとって重要なことである。乗組員は私たちが地球上でしているのと同様，1 日に 3 回の食事をとる。しかし，彼らの食事は私たちのものとは見た目が違っている。宇宙食は通常，特殊な袋や缶に入っている。宇宙食には乾燥したものもあるため，乗組員はそれらを食べる前に冷水や温水を加える必要がある。ISS で何かを飲むときには，ストローを使わなければならない。もしそうしなければ，飲み物があたりを漂い，周囲の機器に損傷を与えてしまう。そのような違いにもかかわらず，宇宙食は過去 20 年間で大きく進化してきた。ISS で彼らが食べる宇宙食は地球上で食べる食事に似ていると多くの宇宙飛行士が言っている。ISS での滞在中，乗組員は毎日食べたあらゆるものについて報告するため，入力用フォームに記入する。地球上の専門家がそれらをチェックし，食事から十分な栄養を摂取するためのアドバイスを乗組員に与える。

3．(1)「最も～なものの一つ」＝〈one of ＋最上級＋複数名詞〉。

(2)②「多くの人々が毎日様々なタイプのチョコレート食品を食べています」。「様々な」＝ different。③「とても高価だったため，貧しい人々はそれを買うことができませんでした」。「高価な」＝ expensive。④「しかし，注意すれば，チョコレートはそれほど危険な食べ物ではありません」。「危険な」＝ dangerous。

(3)①「なぜスペイン人は自分の国にカカオ豆を持ち帰ることにしたのですか？」。第 4 段落の 1 文目を見る。スペイン人がカカオ豆を持ち帰ったのは，たくさんのお金が儲かるだろうと考えたから。②「チョコレートを食べる利点の一つは何ですか？」。最終段落の最後から 2 文目を見る。チョコレートを食べると，気分がよくなり幸福な気分になる。

(4)ア．第 1 段落の最終文を見る。世界中の人々が 1 年に食べているカカオ豆は「300 万トン」以上。イ．「昔，メキシコや中央アメリカの人々はカカオ豆を使って甘くない飲み物を作った」。第 3 段落の 4・5 文目を見る。正しい。ウ．「昔，チョコレートは薬として使われた」。第 3 段落の 6 文目を見る。正しい。エ．第 4 段落の 4 文目を見る。スペイン人はほぼ 100 年間，甘い飲み物のことを他国の人々に教えなかった。「ほぼ 100 年間，砂糖の入った飲み物を持たなかった」わけではない。オ．第 4 段落の 4・5 文目を見る。イタリア人が発見したのは砂糖の入った甘いチョコレートドリンク。カ．第 4 段落の最後から 2 文目を見る。19 世紀にチョコレートバーを作ったのはイギリスのチョコレート会社。キ．「日本では，あるデパートが贈り物としてチョコレートを売り始めてから，2 月 14 日にチョコレートをあげることがとても人気になった」。第 5 段落の 4・5 文目を見る。正しい。ク．チョコレートを食べるときに，医師の助言に従わなけれ

ばならないという記述はない。

【答】(1) one of the most popular　(2)② イ　③ ウ　④ エ　(3)① ウ　② エ　(4) イ・ウ・キ

◀**全訳**▶　あなたはチョコレートが好きですか？　ご存知のように，チョコレートはカカオ豆から作られる甘い食べ物です。その色はたいてい茶色ですが，ホワイトチョコレートもよく知られています。チョコレートは世界で最も人気のある食べ物の一つです。ほとんどの子どもはチョコレートを食べるのが好きで，多くの大人も同様です。カカオ豆はどこでとれるのでしょうか？　世界のカカオの約 70 ％がアフリカで栽培されています。世界中の人々が 1 年に 300 万トン以上のカカオ豆を食べていると知れば，あなたは驚くかもしれません。

　チョコレートから作られている多くの種類のお菓子があります。今日では，スーパーマーケットで簡単にそれらを見つけることができます。一つの例がケーキです。ケーキの中には，上にチョコレートがのっているものがあります。チョコレートでできているケーキも見られます。ホットチョコレートも一例です。冬になると，ホットチョコレートが大人気となります。多くの人々が毎日様々なタイプのチョコレート食品を食べています。

　チョコレートはどのようにして世界中で人気のあるものになったのでしょうか？　それにはとても長い歴史があります。実は，チョコレートは今日私たちが食べているような甘い食べ物として始まったわけではありません。最初のチョコレートは大昔，メキシコや中央アメリカの人々によって作られました。彼らは甘い味がしない飲み物を作るためにカカオ豆を利用していました。それがとても重要なものであると考える人もおり，彼らはそれを薬として用いていました。とても高価だったため，貧しい人々はそれを買うことができませんでした。しかし古代の王たちは健康のために 1 日に何杯もホットチョコレートを飲むことができました。

　スペイン人がメキシコに到着してチョコレートを発見したとき，それを国に持ち帰ることができれば，それは彼らに大金をもたらすだろうと考えました。そこで，彼らはカカオ豆を国に持ち帰り，カカオの木を育てようとしました。16 世紀に，スペイン人はそれをおいしくて甘くするために，砂糖を使いました。彼らはほぼ 100 年間，自分たちの甘い飲み物のことを他国の人々に教えませんでした。イタリア人がこの飲み物を発見すると，それはすぐにヨーロッパの他の国々の間でとても人気のあるものとなりました。1847 年に，イギリスのチョコレート会社が最初のチョコレートバーを作りました。そのときから，多くの人々にとって，店でチョコレートを買うのがとても簡単になりました。

　日本では，2 月 14 日に女性が男性にチョコレートをあげます。普通，他の国々の人々は愛情を示すためにバレンタインデーにカードや花を送ります。では，なぜ日本人はチョコレートをあげるのでしょうか？1958 年に，あるデパートがバレンタインの贈り物としてチョコレートを売り始めたのだという人がいます。そのときから，バレンタインデーチョコの習慣が盛んになり，今ではバレンタインデーは日本で最も有名なイベントの一つです。

　チョコレートは健康に悪いと思っている人がいます。食べ過ぎると，多くの健康上の問題を起こし，医師や歯医者に診てもらう必要があるかもしれません。しかし，注意すれば，チョコレートはそれほど危険な食べ物ではありません。チョコレートを食べると，より活動的になり，よりはっきりと考えることができるようになると医師は言います。また，チョコレートを食べると，気分が良くなり幸福な気分になることができます。これらの理由のため，チョコレートの悪い効果をそれほど恐れる必要はないのです。

4.(1)① 同文前半の「ゴリラは強そうに見える」という内容と，後半の「実際は絶滅の危機にさらされている」という内容との対比から，逆接の接続詞が入ることがわかる。② 直前の「マウンテンゴリラは病気になることがある」という内容の例を示した部分。「例えば」＝ for example。

(2)第 3 段落で森林破壊による生息地の減少，第 4 段落で病気，第 5 段落で密猟について述べられている。

(3)「人々は家を建てたり農場を作ったりするために山にある森を～している」という文。clear forests ＝「森を伐採する」。同じ意味を表す語は cut。

(4)旅行者がゴリラにうつしてしまうおそれがあるもの。直前の文中にある「ありふれた風邪」を指している。

(5)「～が…することは難しい」＝ it is difficult for ～ to …。

(6) ①「マウンテンゴリラはどこに住んでいますか？」。第2段落の1文目より，アフリカに住んでいることがわかる。②「野生のマウンテンゴリラは何頭いますか？」。第2段落の3文目より，約880頭だとわかる。③「炭は何のために利用されていますか？」。第3段落の4文目より，料理や暖房のために利用されていることがわかる。

(7)「なぜゴリラトレッキングはマウンテンゴリラを助けるのですか？」。第6段落の5文目を見る。ゴリラトレッキングの参加者はお金を支払わなければならず，このお金がゴリラを保護するために利用される。

(8) ア．第6段落の最後の2文を見る。教育プロジェクトはゴリラを保護する活動の一環となっている。イ．「ゴリラの森はだんだん小さくなりつつある」。第3段落の3文目以降を見る。正しい。ウ．第5段落の1文目を見る。マウンテンゴリラは1903年に初めて発見された。エ．第3段落の2文目を見る。マウンテンゴリラが食べるのは葉や野菜，竹，そしてその他の植物である。オ．「ペットとしてゴリラを飼う人もいる」。第5段落の最終文を見る。正しい。

【答】(1) ① イ　② エ　(2) イ　(3) ウ　(4) the common cold　(5) difficult for the group to

(6) ① イ　② ウ　③ ア

(7)（例）Because tourists have to pay some money and this money is used to protect gorillas.

(8) イ・オ

◀全訳▶　あなたは今までに動物園へ行ったことがありますか？　もちろん，ありますね！　動物園に行くと，世界の多くの地域からやってきたたくさんの種類の動物を見て楽しむことができます。あなたは彼らがみんな幸福で何の問題もないと思うかもしれません。しかし，苦境にある動物がいることを知っていますか？　その1つが「ゴリラ」です。動物園にいるゴリラは強そうに見えますが，実際は絶滅の危機にさらされているのです。将来，あなたは彼らの姿を見ることができなくなるかもしれません。特に，マウンテンゴリラは世界で最も絶滅の危機にさらされている動物の1つなのです。

　マウンテンゴリラはアフリカの2つの地域でしか見られません。1つ目の地域はブウィンディ森林国立公園で，2つ目の地域はヴィルンガ保全地域です。約880頭のマウンテンゴリラしか野生には残されていません。マウンテンゴリラは大きな問題を3つ抱えています。

　まず，マウンテンゴリラは自然の森に住んでいます。彼らは山にある葉や野菜，竹，そしてその他の植物を食べます。しかし人々は家を建てたり農場を作ったりするために，山にある森を伐採しています。彼らはまた，炭を作るために木々を収穫し，それは料理や暖房のために利用されています。森を伐採するのは不法なのですが，ヴィルンガ国立公園では毎年30平方キロ以上の森が破壊されています。

　2つ目に，マウンテンゴリラは病気になることがあります。例えば，時にはありふれた風邪がゴリラにとって危険なものになります。旅行者が国立公園を訪れたときに，ゴリラに風邪をうつしてしまうことがあります。ゴリラは家族単位で暮らし，お互いに助け合っています。もしもいくらかの構成員が同時に死ねば，そのグループが生き残ることは難しいです。そうなると，そのグループのゴリラはほとんど死んでしまうかもしれません。

　3つ目に，1903年にマウンテンゴリラが発見された直後に，ヨーロッパとアメリカの科学者や猟師が50頭以上のマウンテンゴリラを殺しました。今日では彼らがいる山で動物を殺すのは不法となっていますが，野生動物の狩猟は続いています。通常，猟師はゴリラではなく，他の野生動物を捕まえるためにわなを仕掛けます。しかし時々ゴリラがそれらのわなに捕まり，けがをします。これが原因で，そのゴリラは死んでしまったり，手や足を失ってしまったりすることがあるのです。人々が食用や販売のためにゴリラを狩ることもあります。身体は研究者に売られ，赤ん坊のゴリラはペットとして人々に売られます。

　私たちはどうすればマウンテンゴリラを救うことができるのでしょうか？　ゴリラを助けるための2つの活動があります。1つはゴリラトレッキングです。このツアーでは，人々は山の森林でゴリラを見ることが

できます。旅行者はお金を支払わなければならず，このお金はゴリラを保護するために利用されます。もう 1 つの活動は教育プロジェクトです。そこではゴリラを保護することや彼らの環境をよりよくすることの重要性を現地の人々に教えています。

アフリカの人々はゴリラを救うために熱心に活動しています。あなたには何ができますか？

5. (1)「今日，多くの人々が彼らにたくさんの水を与える手助けをしています」。現在進行形〈be 動詞＋〜ing〉の文。

(2) 受動態〈be 動詞＋過去分詞〉の疑問文。「〜に使われる」＝ be used by 〜。「世界中の人々」＝ people around the world。

(3)「これは，彼らには十分な食べ物がないことを意味します」という意味の文。「アフリカには気候が原因で作物や動物を育てられない場所もある」という内容の直後（エ）に入れるのが適切。

(4) それぞれ「私たちの健康を維持するためには『きれいな』水が必要です」，「私たちは人が使用した汚れた水を『きれいにする』ために薬品を使います」という意味。「きれいな」，「きれいにする」＝ clean。

(5) 直後に日本人が幸運である「理由」が述べられている。理由を表す接続詞は because。

(6) 直前の文中の「ボランティア」を指している。

(7) 直前の文の内容を指している。In some places there is enough water, but in other places there isn't.＝「十分な水がある場所もあれば，そうでない場所もあります」。

(8) ア．「農業従事者は作物を育てるために大量の水を利用する必要がある」。第 2 段落の 3，4 文目を見る。正しい。イ．第 2 段落の 2 文目を見る。家庭用に利用されている水は 10 ％。ウ．第 2 段落の 6，7 文目を見る。果物や動物を育てている農業従事者もいる。エ．農業従事者が動物を育てるために野菜や果物を育てているとは述べられていない。オ．第 1 段落の 5，6 文目を見る。世界には，十分な水があるところもあれば，十分な水がないところもある。カ．「ほとんど水がなくても育つことのできる種を作っている科学者がいる」。第 5 段落の最終文を見る。正しい。キ．最終段落の 5 文目を見る。浴槽の水は再利用するべきだと述べられている。

【答】(1) イ　(2) used by people around the　(3) エ　(4) clean　(5) エ　(6) Volunteers　(7) ウ　(8) ア・カ

◀全訳▶　こんにちは，みなさん。今日は水について話します。地球上のあらゆるものが水を必要としています。植物も，動物も，そして人間も，水なしで生きることはできません。世界のいくつかの場所では，たくさんの水があります。他の場所では，十分な水がありません。これにより，生活するのがとても困難になります。例えば，日本では，必要な時に水を使うことができますが，アフリカのいくつかの国々では十分な水を得ることがとても困難なのです。今日，多くの人々が彼らにたくさんの水を与える手助けをしています。

どのようにして真水は世界中の人々に使われているのでしょうか。真水の約 70 ％が農業に，20 ％が工業に，そして 10 ％が家庭で使われています。大量の水が農業に使われています。農業従事者は私たちが食べる作物のほとんどを育てています。例えば，サトウキビ，トウモロコシ，米，それに小麦は世界の主要な作物です。農業従事者は野菜や果物も育てています。牛肉のような食肉を得るために動物を育てている農業従事者もいます。農業従事者は私たちに様々な種類の食物を与えてくれます。作物を育てたり動物を育てたりするため，農業従事者は大量の水を必要とします。アフリカには，あまりに暑くて乾燥した気候であるため，作物を育てたり動物を育てたりすることができない場所もあります。これは，彼らには十分な食べ物がないことを意味します。

工業分野では，機械が作動するのを助けるために水を使います。私たちが必要とし，楽しんでいるものを作るため，日本の工場では大量の水を使います。しかしアフリカのいくつかの地域では，作ったものを冷却したり洗ったりするための水が全くないため，工場を建設することができません。

家庭でも水は重要です。私たちは水を飲みます。私たちは体や，衣服や，食器を洗うために水を使います。トイレを流す時にも水を使います。そしてその水はきれいでなければなりません。もし汚れた水を飲んだり，

汚れた水に触れたりすると，私たちは重い病気になる可能性があります。私たちの健康を維持するためには
きれいな水が必要です。私たち全員が必要とするきれいな水が十分にあるので日本の人々は幸運です。私た
ちは人が使用した汚れた水をきれいにするために薬品を使います。アフリカのいくつかの国々には，きれい
な水がありません。毎日，彼らは料理をしたり，飲んだり，洗ったりするために汚れた水を使わなければな
りません。汚れた水を飲めば彼らは病気になってしまいます。

　アフリカでは，農業や工業や家庭用の水を供給するために多くの人々が働いています。人々が利用する真
水のほとんどは，川や，湖や，地下から採取されます。人々はこの水を蓄えるため，貯水池を作っています。
彼らはまた，その水を別の場所に運ぶための水道管も利用しています。アフリカの家庭に水を供給するため
の井戸を掘るため，ボランティアが地元の人々と一緒に作業をすることもあります。彼らは井戸の中のきれ
いな水を維持する手助けもしています。今，科学者たちはほとんど水がなくても育つ種まで作っています。

　アフリカの人々は十分な水を使うことができないという事実を私たちが知るのは重要なことです。私たち
はみんな，水を節約する手助けをすることができます。手や顔を洗ったり，歯をみがいたり，食器を洗った
りする時に水を使いすぎてはいけません。使っていない時には水を止めて下さい。入浴する時には，浴槽の
水を再利用するべきです。水は私たちみんなが必要とするものです。十分な水がある場所もあれば，そうで
ない場所もあります。これは公平なことではありません。私たちはお互いに助け合わなければなりません。
さあ，水の節約を始めましょう。聞いて下さってありがとうございます。

6．(1)「あなたはおそらく『それら』に相当する日本語を探そうとする」という意味の部分。「それら」は同文の
　　前半にある English words を指す。
　(2)① 第2段落最初の文より，①を含む文は第1段落最後の文と相反する内容であることがわかる。③ 最初
　　の③は，英語の「I'm sorry」と同様の日本語の表現が入るとわかる。2番目の③は，直後の3つの段落で
　　「すみません」の様々な用例について書かれていることから判断する。④ 謝るときに言う表現。⑤ レスト
　　ランで水をもらうために声をかけるときの表現。⑥ 人にお礼を言うときの表現。
　(3) 直後の because の部分に理由が述べられている。日本人が知りたいことは姉か妹かなのに，「I have a
　　sister.」という答えではそれがわからない。
　(4)「～するのは…だ」＝ it is … to ～。「正しい」＝ right。
　(5) 英語と日本語の会話で，似た状況のときに何と言うかを比較している部分。「例えば，あなたの友人が試
　　験を受ける予定なら，あなたは何と言うだろうか？(ⅱ)」→「日本語では，おそらく『頑張って』と言うだ
　　ろう(ⅰ)」→「一方，英語ではよく『気楽にね』または『幸運を祈るよ』と言う(ⅲ)」という順序が適切。
　(6) 日本語と英語で，同様の表現でも他の意味を持っていたり，似た状況で別の言い方をしたりする例があげ
　　られている。これらの例により，外国人と日本人の考え方が「異なる」とわかる。
　【答】(1) English words　(2)① ウ　③ ウ　④ ア　⑤ ウ　⑥ エ　(3) エ　(4) it is right to use　(5) イ
　(6) different

◀全訳▶　あなたは約3年間英語を勉強してきて，今やたくさんの英単語を知っています。英単語を理解した
いとき，あなたはおそらくそれらに相当する日本語を探そうとします。例えば，「come」は「来る」，「go」は
「行く」というように。

　実際は，そんなに単純ではありません。「I'll come and see you」を日本語ではどう言いますか？　この
場合，「行く」が「come」に相当する日本語です。あるいは，母親が子どもに「朝ごはんの準備ができたわ
よ，ティム」と言うときに，彼は自分の部屋から「I'm coming!」と答えるでしょう。ここでもまた，「行く」
が「come」に相当する言葉です。

　もしあなたがアメリカ人の友人に「How many brothers and sisters do you have?」と尋ねれば，彼は
「I have a sister.」と答えるかもしれません。しかし，あなたはいつも「sister」が姉なのか妹なのかを知り
たいので，その答えはあなたにとって十分満足のいくものではないかもしれません。そうなると，あなたは

「お姉さんですか？　それとも妹さんですか？」と尋ねるでしょう。

　日本語における年上と年下の違いは，あなたの日常生活においてとても重要です。

　あなたよりたとえ１歳年上なだけでも，「先輩」にはていねいに話します。例えば，日本語では「山本先輩」と言いますが，英語では下の名前を使うことが正しいです。

　それぞれの文化は，異なる方法で世界を分けるために独自の言語を使います。

　英語と日本語で同様の表現がたくさんあります。「Thank you」は「ありがとう」で「I'm sorry」は「すみません」です。しかし実際，英語における「Thank you」や「Thanks」は，日本語で「ありがとう」が使われるよりも頻繁に使われます。日本語で「すみません」と言うとき，英語では「Thank you」を使った方がよいかもしれません。しかし，あなたは「すみません」が他の意味も持っていることを覚えていなければいけません。

　ここに同様の表現における別の例があります。あなたはいつ日常生活で「すみません」と言いますか？　謝るとき，あなたは例えば「すみません，宿題をしませんでした」と言います。「すみません」はこの場合，「I'm sorry」を意味します。

　レストランではどうでしょう？　あなたは「すみません，水をコップ１杯いただけますか？」と尋ねるでしょう。この場合，「すみません」は英語で「Excuse me」です。

　あなたは人にお礼を言うのにも「すみません」と言います。ここでは，あなたは「I'm sorry」ではなく「Thank you」と言うべきです。

　英語と日本語の会話ではとても似た状況があります。それぞれの言語で言うことを比較することはおもしろいです。例えば，あなたの友人が試験を受ける予定なら，あなたは何と言うでしょうか？　日本語では，おそらく「頑張って」と言うでしょう。一方，英語ではよく「気楽にね」または「幸運を祈るよ」と言います。日本語と英語の話し手はどちらも彼らの友人たちの役に立ちたいと思っていますが，異なる方法で友人たちを励まします。あなたが試験のために熱心に勉強していたら，アメリカ人の友人は「勉強を頑張りすぎないで」と言うでしょう。しかし，あなたは勉強するのをやめるべきではありません。友人はただあなたを励まそうとしているだけです。

　外国語を学び始めるとき，あなたは日本人の考え方というフィルターを使います。あなたは日本人の考え方を通して外国語を学ぶのです。外国語について学ぶにつれて，あなたは異なる考え方をだんだんと知るので，あなたのフィルターはより柔軟になります。これは外国語を学ぶ上で，１つの重要なゴールです。

7．(1) 主格の関係代名詞を用いた文にする。「最初の〜」＝ the first 〜。

　(2)「彼ら（多くの人々）は驚くべき科学の成果に興奮した」。「（人が）興奮した」＝ excited。

　(3) 直前で，事故を起こして月に到着することができなかったアポロ 13 号を地球に戻すためにあらゆる人々が懸命に努力したこと，また直後で，彼ら（宇宙飛行士）が誰も死なずに地球に戻ったことが述べられている。アの「宇宙飛行士たちも戻るために全力を尽くした」が適切。

　(4) ア．月面に降りなかったという理由でコリンズが尊敬されなかったという記述はない。イ．「1970 年が始まるまでに，アメリカはケネディ大統領の約束を果たした」。ケネディ大統領の約束とは「1970 年までに人を月に着陸させ，無事に地球に戻すこと」。第 1・2 段落に 1969 年の 7 月 20 日に，アームストロングが初めて月面を歩き，無事に地球に戻ってきたことが述べられている。正しい。ウ．アポロ 17 号がアポロ計画の最後になった原因がアポロ 13 号の事故であったとは述べられていない。エ．第 6 段落の 2 文目を見る。月面を歩いた 12 人の宇宙飛行士は，1969 年から 1972 年までの 6 つの宇宙船に乗っていた人たち。12 人が最後の宇宙船に乗っていたわけではない。オ．「1973 年の最初から，月に行ったことのある宇宙飛行士はいない」。第 6 段落の 1 文目を見る。正しい。カ．「月の石や岩は私たちに月，太陽そして地球の大昔の状態について教えてくれる」。第 6 段落の最終文を見る。正しい。キ．アポロ計画の後に，人々が宇宙食を食べ始めたという記述はない。ク．アポロ計画の宇宙飛行士たちはたくさんの地球の写真を撮ったが，

「人々にそれ（地球）について考えるように言った」とは述べられていない。

【答】(1) was the first man who（または，that）(2) ウ　(3) ア　(4) イ・オ・カ

◀全訳▶　あなたは今までにニール・アームストロングについて聞いたことがありますか？　彼は 1969 年の 7 月 20 日に，初めて月面を歩いた人でした。彼は他の 2 人の宇宙飛行士であるエドウィン・バズ・オルドリンとマイケル・コリンズとともに，アメリカの宇宙船であるアポロ 11 号に乗って月まで旅をしました。アームストロングはその宇宙船の船長でした。アームストロングに続き，オルドリンが月面を歩きました。コリンズは月面に降りませんでした。彼は月を回る宇宙船の中に残っていました。彼は 2 人の宇宙飛行士が月から宇宙船に戻ってくるまで待っていました。

世界中の多くの人々がテレビで月面着陸を見ました。彼らは驚くべき科学の成果に興奮し，宇宙飛行士たちが事故もなく無事に地球に戻ってきたとき，とても喜びました。彼らは宇宙飛行士たちの勇気，知識，そして技術を尊敬し，同時にアメリカの科学レベルの高さを理解しました。

初めて月面を歩いたとき，アームストロングは「人間にとっては小さな 1 歩だが，人類にとっては大きな跳躍だ」と言いました。この言葉は，アームストロングの月面への第 1 歩はほんの小さな 1 歩ですが，世界の全ての人にとってとても大きな進歩であるということを意味しています。

アポロ 11 号は 1961 年から 1972 年までのアメリカのアポロ計画の中で造られた宇宙船の 1 つでした。1961 年の 5 月 25 日，ジョン・F・ケネディ大統領は 1970 年までに人を月に着陸させ，無事に地球に戻すことを国が約束すべきであると述べました。とうとう，アメリカは 1969 年にアポロ 11 号を利用して，これを成し遂げました。

アポロ 11 号の後，6 つの宇宙船が地球から月へと向かいました。そのうち 5 つは月面に着陸したのですが，1 つは着陸しませんでした。この宇宙船はアポロ 13 号という名前でした。それは大きな事故を起こし，月に到達することができませんでした。アポロ計画のために働いていた人々はアポロ 13 号の宇宙飛行士たちを無事に地球に戻すため，とても懸命に努力しました。宇宙飛行士たちも戻るために全力を尽くしました。とうとう，彼らは地球に戻り，誰も死にませんでした。このため，アポロ 13 号計画は「成功した失敗」と呼ばれました。

1972 年 12 月に，アポロ 17 号が月に行き，それが月面着陸をした最後の宇宙船となりました。1969 年から 1972 年の終わりまでに，合計で 6 つの宇宙船が月面着陸に成功し，合計で 12 人が月面を歩きました。彼らは約 380 キロの石や岩やその他のものを地球に持ち帰りました。その後，科学者たちはそれらの石や岩が 32 億から 46 億年前のものであることを発見しました。それはそのうちのいくつかが太陽と同じくらい古いものであるということを意味しています。風，雨，氷そして地震が地球の表面を壊し変化させ続けるため，地球でそれほど古い石や岩を見つけることはできません。私たちは月から持ち帰った石や岩を，月，太陽そして地球の歴史について研究するために利用することができます。

アポロ計画は新しいコンピュータ，新しい通信システム，宇宙飛行士のための新しい服や新しい食事のような多くの新しい技術を必要としました。そのような新しい技術が人々の生活を変化させてきました。また，アポロの宇宙飛行士たちは月や宇宙から地球の写真をたくさん撮りました。これらの写真，特に，「青いビー玉」の写真は人々の感情をとても揺り動かしました。人々はその写真を見て地球やその自然，環境についてより考えるようになりました。「青いビー玉」は宇宙から撮った最も美しくて最も有名な地球の写真の 1 枚です。それは地球とその自然の大切さの象徴です。

アポロ計画は人々の生活や考え方に大きな影響を与えたため，月への第 1 歩は本当に「人類にとって大きな跳躍」となりました。アームストロングの言葉は正しかったのです。

8．(1) ① この部分を言いかえた 58% of the world's rain forest（世界の熱帯雨林の 58 ％）から，「最大の」という意味のイが当てはまる。② 直後に「そして私たちは毎年何百種類もの植物を失っている」と続いていることから，「より小さい」を意味するエが当てはまる。〈be getting ＋比較級〉＝「（前より）〜になってき

ている」。

(2) nobody =「だれも～ない」。most of ～ =「～のほとんど」。

(3) Ⓑ 2つ前の文の主語「小動物」を指す。never ～ =「1度も～しない」。go down to ～ =「～に下りる」。

Ⓒ 直前の文の主語「果物」を指す。only =「～しか(…ない)」。

(4) 直前に「私たちは病気のとき，医者のところへ行く」とあることから，「私たちはいろいろな病気に対して薬をもらう(ⅰ)」→「世界の薬の約25％は熱帯雨林の植物に由来している(ⅲ)」→「医者はこれらの植物（熱帯雨林の植物）の中から毎年新薬を見つけている(ⅱ)」という流れが適切。

(5) ア．第2段落1文目に，木だけではないと書かれている。イ．第5段落1文目に注目。動物ではなく，木々の密集した葉。ウ．第11段落の最後の文に，熱帯雨林の植物が急速に消滅していることが書かれている。エ．「私たちは熱帯雨林から薬を得る」。第11段落3文目の内容と合っている。come from ～ =「～に由来する」。オ．第2段落5・6文目より，熱帯雨林の植物のほとんどには名前がないことがわかる。カ．「熱帯雨林の植物は私たちに，果物や野菜，コーヒー，紅茶，そしてチョコレートを与える」。第8段落3文目の内容と合っている。キ．「原住民は2,000以上の熱帯雨林の植物を使う」。第9段落1文目の内容と合っている。

【答】(1) ① イ　② エ　(2) その数は実際にはだれも知りませんし，それらのほとんどには名前がありません。

(3) Ⓑ small animals　Ⓒ fruits　(4) イ　(5) エ・カ・キ

◀全訳▶　ほとんどの熱帯雨林は，1年を通して非常に暑くて湿っている気候の国で育ちます。今日，アジア，アフリカ，そして南米に大規模な熱帯雨林があります。世界の熱帯雨林の58％に当たる，これらの中の最大規模のものがアマゾン盆地周辺にあります。

しかし熱帯雨林は木だけではありません。それはすばらしい世界です。1平方キロメートルごとに多数の植物，鳥，そして動物がいます。ほかのどの場所よりも，熱帯雨林にはより多くの生命があります。世界の熱帯雨林には1,000万～8,000万種類の動物や植物がいます。その数は実際にはだれも知りませんし，それらのほとんどには名前がありません。しかし，おそらく世界のすべての植物と動物の90％がそこに生息しています。

熱帯雨林の中を1時間歩けば，約750種の木々を見ることができます。どの木も，多くの動物や鳥にとって家であり，また食料でもあります。

たくさんの階がある高いビルについて考えてください。1階に住む人もいれば，最上階に住む人もいます。森林にも階があります。異なる植物や動物は異なる階に彼らの家を持っています。

飛行機からは，地上40～50メートルの木々の密集した緑の葉しか見えません。ここ，森林の地面より高いところには，木々は花や果実をつけています。しかしすべてが1年の同時期にあるわけではありません。すべての木にはその時期があります。森林は常に緑色です。葉は1年を通してゆっくりと落ちます。何百羽もの鳥が美しい色をして木々の中に生息しています。多くの小動物もそこに住んでいます。彼らは木から木へ登ったりジャンプしたりします。それらの多くは地上に一度も下りません。

熱帯雨林にある木はすべて，日光に向かって成長します。密集した緑の葉の下には，日光があまりありません。いつも暗く湿っています。大木が倒れると，小さな木々が日光へ向かってすばやく成長します。ここでは長くて細い植物も多く見られます。日光へ向かって木の周りをはい上がっているものもあります。数千もの小さな植物も木々の上で育ちます。それらの根は木の中，またはそれらの周辺や空気中で伸びます。そのほかの植物は地面まで根を下ろします。

木々の下の森林の地面はいつも湿って暗いです。しばしば，木々は1年のうち何か月間も水の中に立っています。地面は枯れた葉や植物で厚く覆われています。果実と種は木から落ち，土の中で育ちます。新しい植物が育ち，はい上がります。それらのほとんどは枯れますが，少数は高く伸びていきます。大型動物はここ森の地面に生息しています。数種類の植物も常にここで育ちます。それらはこの暗く湿った世界を好みます。

世界の熱帯雨林には 3,000 以上の果物があります。ヨーロッパやアメリカの人々はそれらのうちの約 200 しか使っていません。熱帯雨林の植物は私たちに，果物や野菜，コーヒー，紅茶，そしてチョコレートといった毎日の食料の多くを与えます。今日，私たちは多くの国々の農場でこれらを育てますが，それらは熱帯雨林から最初にもたらされました。

森林の原住民はその植物のうち 2,000 以上を使います。彼らは自分の家の周辺の小さな農場でそれらを育て，森林へ持って行きます。彼らは果物の木も育て，毎年それらのところへ戻ります。

今日，熱帯雨林には数千もの名前のない植物もあります。それらは世界にとって新しく安価な食料となるでしょうか？　なるかもしれないし，ならないかもしれません。熱帯雨林はより小さくなってきています。そして私たちは毎年何百種類もの植物を失っています。

私たちは病気のとき，医者のところへ行きます。私たちはいろいろな病気に対して薬をもらいます。世界の薬の約 25 ％は熱帯雨林の植物に由来しています。医者はこれらの植物の中から毎年新薬を見つけています。それらの約 10 ％は活用できる可能性があると彼らは言います。しかし，私たちがそれらを試すことができる前に，熱帯雨林の植物は急速に消滅しています。

人々はときどき「熱帯雨林はなぜ重要なのか？」と尋ねます。

現在と未来の食料と薬のため。これが 1 つのとてもよい答えです。

9. (1) 第 1 段落の 5・6 文目から，健太は市立図書館でアリに関する本を見つけ，アリに興味を持ったことがわかる。

(2) 空所の直後に「アリは決して道に迷わない」とある。アリはフェロモンによって「どの道に行くべきか」を学ぶ。疑問詞 which way に to 不定詞をつけた形。

(3) 空所の直前に「もしみなさんがアリのようにお互いを助け合おうとすれば」とあるので，これに続く文を考える。「お互い」= each other，「～のように」= like ～。

(4) ①「健太はインターネットからアリについて学んできましたか？」。第 1 段落の 7 文目を見る。②「健太の母の言葉は彼に何を教えましたか？」。第 5 段落の最終文を見る。「小さな昆虫でも人々に大切な考えを与えてくれる」。

(5) ア．第 6 段落の 5 文目を見る。健太がなりたいのは理科の先生ではなく科学者。イ．第 2 段落の 4 文目を見る。アリが社会性昆虫と呼ばれる理由は，それらが共に暮らし，それぞれが集団の中で自身の役割を持っているから。ウ．第 3 段落から女王アリとおすアリに羽根があることがわかるが，はたらきアリに羽根があるという記述はない。エ．「アリはお互い理解し合うためにコミュニケーションのフェロモンを使う」。第 4 段落の 7 文目を見る。正しい。オ．第 3 段落の 13 文目を見る。はたらきアリが守るのは自分たちの集団であり，女王アリではない。また，第 3 段落の 17・18 文目を見る。おすアリがする仕事は，女王アリとつがいになるために空を飛ぶことだけである。カ．「何匹かのアリとある種類の蝶は共に暮らし，お互いを助け合う」。第 4 段落の 9・13 文目を見る。正しい。

(6) 空所の直前にある「あなたは何に興味があって，それはなぜですか」という疑問文に答える。

【答】(1) エ　(2) ウ　(3) イ　(4)① Yes, has　② give, important　(5) エ・カ

(6)（例）am interested in reading books because I can learn a lot from it.

◀全訳▶　みなさんは昆虫が好きですか？　みなさんの中にはそれらが好きではない人もきっといると思います。しかし，私は小さい頃からずっとそれらに興味があります。私は小学生のときに多くの異なる種類の昆虫を飼っていました。ある日，私は市立図書館でアリに関する本を見つけました。その本は私にそれらについてのたくさんの興味深い事実を教えてくれました。そのときから，私はそれらを観察することを楽しみ，インターネットからそれらについてより多くのことを学んできました。今日，私はアリについてお話ししたいと思います。

毎日の生活の中で，みなさんの周りの多くの場所でアリを見つけることができますよね？　日本には，約

280の異なる種類のアリがいます。そして世界には，1万以上の異なる種類のアリがいます。アリは共に暮らし，それぞれがコロニーの中で自身の役割を持っているので，「社会性昆虫」と呼ばれています。「コロニー」とはアリの集団を意味します。

集団の中には3種類のアリ――女王アリ，はたらきアリ，おすアリ――がいます。では，それぞれのアリの特徴についてみなさんにお話しします。この写真を見てください。最初のアリは女王アリです。各集団には普通，1匹の女王アリがいます。それには羽根があり，他のアリより大きいです。それはたくさんの卵を産みます。次のアリははたらきアリです。集団にはたくさんのはたらきアリがいて，すべてのはたらきアリはメスです。それらはほとんどすべての仕事をします。普通，若いはたらきアリは巣の中で働きます。それらは赤ちゃんの世話をし，巣をきれいに保ち，巣をより大きくします。それらの中には敵から自分たちの集団を守るものもいます。年をとったはたらきアリは食べ物を見つけ，それを巣まで持ち帰ります。最後のアリはおすアリです。おすアリは女王アリのような羽根を持っています。それらは女王アリとつがいになるために空を飛びます。これがそれらがする唯一の仕事です。それぞれのアリは自分自身の仕事を行い，集団を助けます。

アリについて不思議な事実がいくつかあります。1つ目に，アリは巣からはるか遠くに歩き去ったあとに巣へと戻ってくることができます。どうやってでしょうか？ それらは歩いているときにフェロモンを地面に落とします。そしてそれはフェロモンによってどの道に行くべきかを学習します。ですから，それらは決して道に迷いません。それらはコミュニケーションのためにもいくつかのフェロモンを使います。それらはフェロモンによってどのアリが自分たちと同じ集団の出身なのかを理解します。2つ目に，ある種類の蝶の赤ちゃんを世話するアリがいます。なぜでしょうか？ 理由はその赤ちゃんはそのアリに特別な蜜を与えるからです。その蜜はアリの好物の1つです。アリも蝶もお互いから利益を得るのです。小さい昆虫でさえ一緒に暮らし，お互いを助け合っています。私はこれはすばらしいことだと思います。

ある日，私の母は「私たちはアリから学ぶべきね。アリのように私たちはより良い生活を送るためにお互いに助け合うべきだという意味よ」と私に言いました。私は彼女が正しいと思います。アリは自分たちの生活をより良くするためにすべきことを知っています。それらは異なる種類の昆虫と生きていく方法さえ知っているのです。私の母の言葉は，小さな昆虫でさえ大切な考えを私たちに与えてくれるということを私に教えてくれます。

世界にはたくさんの人がいます。彼らには異なる文化があり，異なる言語を話します。もしみなさんがアリのようにお互いに助け合おうとすれば，私たちは世界をより良くすることができるでしょう。アリについて私がまだ知らないことはたくさんあります。だから将来，私は科学者になってアリや他の昆虫のすばらしい世界についてもっと勉強したいのです。ご清聴ありがとうございました。

10. (1) ① 過去形の文。⑥ 現在形の There is/are ～.の文で，直後の主語 some different ways が複数形なので are になる。

(2)「太陽光発電はそのうちの1つだ」という意味の文。「私たちは限りのないエネルギー源を利用することができる」という文と「風力は別の1つだ」という文の間にある D に入る。

(3) 第1段落の3~10文目を見る。都と弟が参加したのは小さなソーラーカーを自分で作り，実際に走らせるイベント。

(4)(a) 第3段落の9文目と11文目を見る。都の母親の友人の町には建物にもっと多くの太陽光発電用パネルを設置する「チーム」がある。その「チーム」のメンバーはお互いのことをよく知らなかったが，今ではお互いに話をし，助け合っている。(b) 第3段落の4~8文目を見る。都の母親の友人の町の人々は，他の町にある大きな発電所で作られている電気に関する問題を解決したいと思っているので，とても熱心に努力している。理由を表す接続詞が入る。

(5)「自分たちで作った電気の重要性を理解している」という意味の文。「～の重要性を理解する」＝ understand

the importance of 〜。「自分たちで作った電気」= electricity made by themselves。

(6) 後に「屋根に太陽光発電用パネルを設置するには費用がかかるし，将来トラブルが起こるかもしれない」，「曇った日にはあまり電気が作れない」，「冬にたくさんの雪が降ると，太陽から光を得ることができなくなる」という「欠点」を挙げている。

(7) (a)「自分の小さなソーラーカーの見栄えを良くするため，都は何をしましたか？」。第１段落の７文目を見る。都はソーラーカーの見栄えを良くするため，何枚かの絵を貼り付けた。(b)「都は電気を作るさまざまな方法について，もっと勉強しようと思っていますか？」。最終段落の最終文を見る。Yes で答える。

(8) ア．第１段落の11文目を見る。ソーラーカーのイベントに参加する前から，都は太陽に電力があることを知っていた。イ．「都は太陽光発電用パネルによって作られた電気が，彼女の生活を快適なものにしていることを知っている」。第２段落の１〜５文目を見る。正しい。ウ．「人々がもっと多くの大きな発電所を必要としている」という記述はない。エ．「都は電気を作るのにはいくつかの選択肢があることを理解している」。最終段落の１〜５文目を見る。正しい。オ．最終段落の６文目を見る。都は「将来，新しい科学技術を利用したり，新しいエネルギー源を発見したりすることができるだろう」と述べている。

(9) (a) 第２段落の最後から２文目を見る。ソーラーカーのイベントに参加した後，都は屋根に太陽光発電用パネルを乗せている「たくさんの家」を見かけている。(b) 最終段落の最後から３文目に「このような経験をすれば，電気にもっと興味を持ち，電気についてより多くを学ぶことになるだろう」とあることから考える。都は「私たちが何かにもっと興味を持つことになるような経験をすることは大切である」ということがわかった。

【答】(1) ① finished　⑥ are　(2) D　(3) エ　(4) (a) team　(b) ア　(5) エ→ウ→イ→オ→ア　(6) ア
(7) (例) (a) She put some pictures on it.　(b) Yes, she does.　(8) イ・エ　(9) (a) many houses　(b) イ

◀**全訳**▶　今年の夏，私は太陽光発電と電気について考えた。夏休み中，私は11歳の弟と一緒にあるイベントに行った。ボランティアの人たちがそこで私たちに小さなソーラーカーの作り方を教えてくれた。それぞれの車を作るのに私たちは紙箱を使った。私たちは箱に小さな太陽光発電用パネルと４つの車輪をつけた。走るための小さなモーターも必要だった。見栄えを良くするため，車に何枚かの絵も貼り付けた。完成後，私たちは屋外に出た。私たちは車を地面に置き，それらを観察した。太陽の光が当たると，それらは動き始めた。このイベントに参加するまで，私は太陽に電力があることしか知らなかった。このイベントで，私は太陽の電力を利用することで電気が作れることを本当に理解した。私はとても驚いた。私たちの小さなソーラーカーは実際に走った。私と弟にとって，それはとてもわくわくする体験だった。

　私の家の屋根には何枚かの太陽光発電用パネルが乗っている。太陽の光が当たると，それらは電気を作ることができる。その電気は私の家の照明に利用され，部屋を涼しくしたり暖かくしたりするのにも利用される。これは私たちの生活をとても快適なものにしてくれている。太陽光発電用パネルは，とても私たちの役に立っている。ソーラーカーのイベント後，私は町の多くの家の屋根にある太陽光発電用パネルをよく見かける。多くの人々が太陽光発電を利用しているのだ。

　人々は発電方法について考えていると聞いた。母の友人は，彼女の町の建物にもっと多くの太陽光発電用パネルを設置しようとしている。今年の夏，彼女のところを訪れた時に，彼女はそのことを話してくれた。その町では，人々は通常，他の町にある大きな発電所からの電気を利用している。その電気は限りあるエネルギー源を使って作られている。また，発電所にトラブルが起こった時は送電が困難になる。これらはその町の人々が抱えている問題である。これらの問題を解決するため，彼らは彼ら自身によって電気を作りたいと思っている。これを行うため，多くの人々がチームとなって一緒に作業をしている。その町に住んでいたりその町で働いていたりする人々や，太陽光発電についてよく知っている先生たちが，そのチームのメンバーとなっている。以前はお互いのことをよく知らなかったが，今では，彼らはたくさん話し合い，お互いを助け合っている。彼らは同じ目標を持っている。彼らは自分自身の電気を作るため，とても熱心に努力してき

た。この経験から彼らは以前よりも電気についてたくさんのことを学び，自分たちで作った電気の重要性を理解している。

　太陽光発電は限りあるものではなく，将来はもっと多く利用することになるだろうが，太陽光発電を使うことについてのいくつかの欠点も見ておかなければならない。それは完璧なものではない。例えば，屋根に太陽光発電用パネルを設置するには費用がかかるし，将来トラブルが起こるかもしれない。また，曇った日にはあまり電気が作れない。冬にたくさんの雪が降ると，太陽から光を得ることができなくなる。太陽光発電を利用することによって作られた電気が欲しい時，これらのことは弱点になる。

　電気を作るにはいくつかの異なる方法があるのを知っておくことが大切である。私たちは限りのないエネルギー源を利用することができる。太陽光発電はそのうちの 1 つである。風力はまた別の 1 つだ。私たちの生活をより良いものにするため，これらのエネルギー源の利用を選ぶことができることを私は理解している。私たちは将来，新しい科学技術を利用したり，新しいエネルギー源を発見したりすることもできるだろう。また，自分たち自身の経験から電気について学ぶことも非常に重要なことだ。例えば，私はソーラーカーのイベントで太陽光発電について多くを学んだ。母の友人は町の建物にもっと多くの太陽光発電用パネルを設置するため，他の人々と一緒にとても熱心に努力している。このような経験をすれば，あなたは電気にもっと興味を持ち，電気についてより多くを学ぶことになるだろう。今，私は私の家で利用されている電気のほとんどが太陽光発電を利用することによって作られていることを知っている。私は，私たちの利用している電気がどれほど大切なものであるのかを忘れたくないし，電気を作るさまざまな方法についてもっと勉強しようと思う。

Chapter3　英作文 ［解答・解説］

（48 ページ）

1．① 「あなたはどうやって学校に来ているの？」などの文が入る。「どのように，どうやって」＝ how。

　　② 自転車通学の利点を説明する文が入る。「スポーツが大好きで，それが自分の健康のためによい」などの文が考えられる。

　　【答】（例）① How do you come to school?（6 語）

　　② I like sports very much and it is good for my health.（12 語）

2．① 「人を送る」＝ sending people。「最も役に立つ」＝ the most helpful。

　　② お金を送ることがいいと思う理由を述べる。「彼らが今手に入れたいものがたくさんある。例えば食べ物や薬を買うお金が彼らには必要だ」などの理由が考えられる。

　　【答】（例）① You think that sending people is the most helpful.（9 語）

　　② There are many things they want to get now. For example, they need money to buy food and medicine.（19 語）

3．① 「A を B（の状態）にする」＝ make A B。「私たちの学校生活」＝ our school life。

　　② 学校の制服を着る場合の利点を述べる。「毎日着る服を考えなくてよい」，「朝，準備に十分な時間を持つことができる」などが考えられる。

　　【答】（例）① I think those clothes can make our school life good.（10 語）

　　② We don't have to think about what clothes we are going to wear every day. We can have enough time to prepare for school on busy mornings.（27 語）

4．「あなたは中学校 3 年生で，修学旅行で 3 月にカナダに行く予定です。あなたはカナダの生徒に日本から何の

お土産をあげたいですか？　そしてそれはなぜですか？」という質問。折り紙，けん玉，扇子，せんべいなど日本のものを挙げ，それを選んだ理由を述べる。

【答】（例）I want to give origami to a student in Canada because it is a Japanese traditional thing. I want to enjoy making some origami cranes with him（または，her）.（27語）

5．「動物園の動物と森に住む動物とではどちらの方が幸福でしょうか？」という質問。動物園の方が幸福であるとする場合は，「食べ物に困らない」，「危険な動物に攻撃されることがない」など，森の方が幸福であるとする場合は「広い場所で動き回れる」，「家族と自然の中で暮らすことができる」などが理由として考えられる。

【答】（例1）I think animals in the zoo are happier. They don't have to look for food because they are given food every day. And they are safe from dangerous animals.（29語）

（例2）I think animals in the forests are happier. They can move or fly around in a large place. They can also live in nature with their family or friends.（29語）

6．「他の人たちと一緒に働くこと」という題名でスピーチ原稿を書くようにという指示が書かれたメール。「クラブのメンバーと助け合いながら練習して，試合に勝った」ことなどを英文で表す。

【答】（例）I belonged to the soccer club in my junior high school. Our team was not strong, but we supported each other and continued to practice hard. After three months, we won the game.（33語）

7．「夏休み中に一緒に写真を撮りに行きませんか？」は「夏休みの間に写真を撮るために一緒に出かけることはできますか？」と考える。「撮るために」は副詞的用法の不定詞で表す。「写真を撮る」＝ take pictures。「〜の間に」＝ during 〜。

【答】（例）How are you? My mother bought me a camera on my birthday, so can you go out to take pictures with me during our summer vacation?（26語）

Chapter4　リスニング　　解答・解説

§1．短い英文を聞く問題（52ページ）

1．【答】(1) ア　(2) エ

◀全訳▶　(1)

Ａ：あなたの好きそうな CD がここにあります。

Ｂ：ありがとう。これは私の大好きな種類の音楽です。

Ａ：どういたしまして。

(2)

Ａ：次の春休みは何をする予定ですか？

Ｂ：家族と京都へ行く予定です。

Ａ：それはわくわくするでしょうね。

2．【答】(1) イ　(2) ウ　(3) エ

◀全訳▶　(1)

Ａ：あの男性は誰ですか？

Ｂ：彼は新しい英語の先生のスミス先生です。

Ａ：彼はどこの出身ですか？

Ｂ：彼はオーストラリア出身です。

(2)

Ａ：昨夜の7時頃，あなたに電話をしたのですよ。

Ｂ：あら，本当ですか？

Ａ：その時，あなたは何をしていたのですか？

Ｂ：私はお風呂に入っていました。

(3)

Ａ：週末は楽しかったですか？

Ｂ：いいえ，楽しくありませんでした。

Ａ：何があったのですか？

Ｂ：私は病気で寝ていました。

3．【答】(1) イ　(2) エ

　◀全訳▶　(1)

　　女性：日本の文化に興味はありますか？

　　男性：はい。日本のマンガが好きです。だいたい100冊ぐらい日本のマンガを持っています。

　　女性：すごいですね！　それらをどのようにして手に入れたのですか？

　　男性：インターネットでそれらを買いました。

　　(2)

　　男性：疲れているようですね。大丈夫ですか？

　　女性：いいえ。気分がよくないのです。

　　男性：今日，学校を早退してはどうですか？

　　女性：ええ，そうします。

4．【答】(1) エ　(2) イ　(3) ア

　◀全訳▶　(1) テーブルの下に2匹のネコがいます。1匹は黒色で，もう1匹は白色です。

　　(2) ソウタは今朝の8時に家を出ました。30分歩いた後に彼が駅に着いたとき，雨がまだ降っていました。

　　(3) このグラフは，ボブのクラスの生徒たちはどのスポーツが最も好きであるのかを示しています。最も人気のあるスポーツはバレーボールです。バスケットボールはサッカーと同じくらい人気です。野球はバスケットボールよりも人気があります。

5．【答】イ

　◀全訳▶

　　ベッキー：こんにちは，アキラ！　あなたは先週末に何をしたの？

　　アキラ　：ぼくは市立図書館へ行って，そこで本を読んだよ。きみはどうなの，ベッキー？

　　ベッキー：私は家で妹とピアノを弾いたわ。

6．【答】エ

　◀全訳▶

　　ジュンコ：今どこにいるの，トム？

　　トム　　：駅にいるよ。

　　ジュンコ：わかったわ。あなたの目の前の通りを進んでいって，郵便局で右に曲がって。

　　トム　　：病院で右に曲がるのかい？

　　ジュンコ：いいえ。郵便局で右に曲がって，そして公園までまっすぐ行って。そうすると，あなたの左に美術館が見えるわ。

〈スクリプト〉

1．(1) A： Here's a CD you may like.

　　　 B： Thank you. This is my favorite kind of music.

　　　 A： （チャイム）

　 (2) A： What are you going to do next spring vacation?

　　　 B： I'm going to go to Kyoto with my family.

　　　 A： （チャイム）

2．(1) A： Who is that man?

　　　 B： He is Mr. Smith, a new English teacher.

　　　 A： Where is he from?

　　　 B： （チャイム）

　 (2) A： I called you at about seven last night.

　　　 B： Oh, really?

　　　 A： What were you doing at that time?

　　　 B： （チャイム）

　 (3) A： Did you enjoy your weekend?

　　　 B： No, I didn't.

　　　 A： What happened?

　　　 B： （チャイム）

3．(1) F： Are you interested in Japanese culture?

　　　 M： Yes. I like Japanese comic books. I have about one hundred Japanese comic books.

　　　 F： Wow! How did you get them?

　　　 M： （チャイム）

　 (2) M： You look tired. Are you all right?

　　　 F： No. I'm not feeling well.

　　　 M： Why don't you go home from school early today?

　　　 F： （チャイム）

4．(1) There are two cats under the table. One is black, and the other is white.

　 (2) Sota left his home at 8:00 this morning. When he arrived at the station after a 30-minute walk, it was still raining.

　 (3) This graph shows which sport students like best in Bob's class. The most popular sport is volleyball. Basketball is as popular as soccer. Baseball is more popular than basketball.

5．Becky： Hi, Akira! What did you do last weekend?

　 Akira： I went to the city library and read books there. How about you, Becky?

　 Becky： I played the piano with my younger sister at home.

6．Junko： Where are you now, Tom?

　 Tom ： I'm at the station.

　 Junko： OK. Go down the street in front of you and turn right at the post office.

　 Tom ： Turn right at the hospital?

　 Junko： No. Turn right at the post office, and go straight to the park. Then, you'll find this museum on your left.

§2．長い英文を聞く問題① (54 ページ)

1．【答】 (1) イ　(2) ウ　(3) エ　(4) ウ　(5) ア

◀全訳▶

花奈　　　：アレックス，何をしているの？

アレックス：やあ，花奈。インターネットで調べているんだよ。兄が10月5日の土曜日に日本に来る予定なんだ。だから，日曜日にこの街を案内してあげようと思っているんだ。

花奈　　　：いいわね！　何かアイデアはあるの？

アレックス：いや。アドバイスしてくれる？

花奈　　　：そうね，バスツアーはどう？

アレックス：バスツアー？

花奈　　　：そう。水族館やシティタワーのような興味深い場所へ連れて行ってくれるのよ。

アレックス：へえ，タワーに登れるの？

花奈　　　：そうよ，でも階段を使わなければならないわ。それにツアー中にはおいしいドーナツも食べられるのよ。

アレックス：すごい！　兄はきっとそのツアーを気に入ってくれるよ。もし何も予定がないのなら，僕と一緒に来ない？

花奈　　　：ええ，ぜひとも。

アレックス：よかった。どこで待ち合わせをしよう？

花奈　　　：ツアーは駅から出発するの。午前9時にそこで会いましょう。

アレックス：わかった。アドバイスしてくれてありがとう，花奈。

(1) アレックスは何をしているのですか？

(2) アレックスの兄はいつ日本に来る予定ですか？

(3) アレックスはどのようにしてシティタワーに登ることができますか？

(4) バスツアー中にアレックスは何を食べることができますか？

(5) アレックスと花奈は日曜日にどこで会う予定ですか？

2．【答】 (1) ウ　(2) ア　(3) エ　(4) ウ

◀全訳▶　もしもし，ナオキ。ピーターです。明日はサッカーの試合を見に行く予定だったよね？　そのことで伝えておかなければならないことが二つあるんだ。

　まず，僕たちはサッカー競技場まで電車に乗っていかなければならないんだ。お父さんが車でそこへ僕たちを連れていってくれると言っていた。でも明日は仕事をしなければならないから，無理なんだ。競技場まで行くには電車に乗るのが一番の方法だ。試合は2時30分に始まるんだ。だから1時30分には電車に乗らなければならない。1時15分に南駅で待ち合わせをしようか？　試合と電車のためには25ドル必要だ。持ってくるのを忘れないで。

　二つ目に，試合後，僕の家で夕食が食べられるよ。お母さんがピザとサラダとケーキを君のために作ってくれるんだ。弟のジムもお母さんの手伝いをするんだよ。妹のケイトはとても君と話したがっている。帰宅については心配いらないよ。お母さんが車で君を家まで送るんだ。僕の家に来ることはできるかい？　そうしてくれたらいいな。そのことについて家族と相談して，すぐ僕に電話をしてね。それじゃあ。

(1) ピーターの父親は明日何をする予定ですか？

(2) ピーターは南駅で何時にナオキと会う予定ですか？

(3) 誰がナオキのための夕食を作る予定ですか？

(4) 試合後，ピーターはナオキに何をしてもらいたい思っていますか？

〈スクリプト〉

1．Kana： Alex, what are you doing?

　　Alex： Hi, Kana. I'm surfing the Internet. My brother is going to come to Japan on Saturday, October 5. So, I will show him around this city on Sunday.

　　Kana： Nice! Do you have any ideas?

　　Alex： No. Can I ask you for some advice?

　　Kana： Well, how about a bus tour?

　　Alex： A bus tour?

　　Kana： Yes. It will take you to some interesting places like the aquarium and the City Tower.

　　Alex： Oh, can I climb the tower?

　　Kana： Yes, but you have to use stairs. Also, you can eat delicious donuts during the tour.

　　Alex： Great! I'm sure my brother will like the tour. If you don't have any plans, would you like to come with me?

　　Kana： I'd love to.

　　Alex： Good. Where will we meet?

　　Kana： The tour starts from the station. Let's meet there at nine in the morning.

　　Alex： OK. Thank you for your advice, Kana.

　　Question ⑴： What is Alex doing?

　　Question ⑵： When will Alex's brother come to Japan?

　　Question ⑶： How can Alex climb the City Tower?

　　Question ⑷： What can Alex eat during the bus tour?

　　Question ⑸： Where will Alex and Kana meet on Sunday?

2．　Hello, Naoki. This is Peter. We are going to watch the soccer game tomorrow, right? I have two things to tell you about that.

　　First, we have to take the train to the soccer stadium. My father said he would take us there by car. But he has to work tomorrow, so he can't. Taking a train is the best way to go there. The game starts at two thirty. So we need to take the train at one thirty. Shall we meet at South Station at one fifteen? You need twenty five dollars for the game and trains. Don't forget to bring it.

　　Second, you can have dinner at my house after the game. My mother will make pizza, salad and cake for you. My brother, Jim, will help her. My sister, Kate, really wants to talk with you. You don't have to worry about getting home. My mother will take you home by car. Can you come to my house? I hope you can. Please talk with your family about that and call me soon. Goodbye.

⑴　What will Peter's father do tomorrow?

⑵　What time will Peter meet Naoki at South Station?

⑶　Who will make dinner for Naoki?

⑷　What does Peter want Naoki to do after the game?

§3．長い英文を聞く問題② (55ページ)

1．【答】 ⑴ イ　 ⑵ エ　 ⑶ ア

◀全訳▶　こんにちは，みなさん。今日，私は日本の学校とアメリカの学校の間にある違いについて話すつもりです。

一つ目に，私はほとんどの日本の生徒が制服を着ていることに驚きました。アメリカでは，私たちにはふつう制服がないので，何を着るのかを選ぶことができます。私は毎朝，自分の服を選ぶのが好きです。私はまた友だちと服について話すことも楽しんでいます。

二つ目に，日本の生徒には掃除の時間があって，彼らの学校をきれいに保っています。アメリカでは，私たちにはそのような時間はありません。私は学校での掃除の時間はとても良いことだと思います。

三つ目に，日本の夏休みはアメリカの夏休みより短いです。日本の夏休みは約 5 週間ですが，アメリカでは 10 週間の休みがあります。長い休みの間に，私たちはよくサマーキャンプに参加します。私たちはスポーツをしたり，あるいは絵を描いたりするような多くの活動をします。私たちはアメリカのいろいろな場所から来たたくさんの友だちをつくることができます。

私たちにはもっと多くの違いがあるかもしれないので，お互いをよく知るために，それらを一緒に見つけましょう。

(1) リアムはアメリカで毎朝，何をするのが好きですか？

(2) 学校での掃除の時間について，リアムはどのように思っていますか？

(3) アメリカの夏休みについて，リアムは何と言っていますか？

2．【答】(1) ウ　(2) エ

◀全訳▶

マキ　　　：こんにちは，デイビッド。日本での滞在を楽しんでいる？

デイビッド：うん。でもぼくの日本語は上手ではないと思うよ。

マキ　　　：あなたの日本語は上手になってきているわ。

デイビッド：ありがとう。

マキ　　　：何か日本語の授業は取っているの？

デイビッド：いいや。ぼくの英語の先生，山田先生が，日本映画を見るように勧めてくれたから，見てみたんだ。でもそれらを理解するのはぼくには難しかったよ。何か新しいことをやってみたいと思っているんだ。

マキ　　　：日本のマンガを読むのはどう？

デイビッド：マンガ？

マキ　　　：何冊か日本のマンガを読んで，お気に入りのものを見つけてみて。

デイビッド：それはおもしろい！　試してみるよ。ぼくの日本語を上達させるためには他に何ができるかな？

マキ　　　：友達と日本語で話したほうがいいわ。手伝いましょう。

デイビッド：ありがとう。それをやってみよう。

(1) デイビッドは日本映画のことをどう思いましたか？

(2) マキはデイビッドに，日本語を上達させるために何をするように言いましたか？

3．【答】(1) イ　(2) エ　(3) エ

◀全訳▶

ヘレン：こんにちは，マコト。春休みの間に何をする予定なの？

マコト：ぼくの家族は，東京でぼくの友達のジョンと 5 日間過ごすつもりだよ。彼はシドニー出身の高校生なんだ。ぼくはそこで彼に会ったんだ。

ヘレン：なるほどね。あなたはシドニーに住んでいたの？

マコト：うん。ぼくが小さいとき，父がそこで働いていたんだ。ジョンの両親がぼくの父に，日本でジョンの世話をするよう頼んだのさ。彼は来週ぼくの家に来るよ。

ヘレン：彼は今までに日本を訪れたことはあるの？

マコト：いや，ないよ。ぼくは彼に長い間会っていないけど，ぼくたちはよくお互いにメールを送っているよ。

ヘレン：彼はどれくらい日本に滞在するの？

マコト：10 日間だよ。君は今までに東京に行ったことがあるの，ヘレン？

ヘレン：いいえ，だけどこの 5 月に友達のエミリーと一緒にそこを訪れるわ。あなたはよくそこへ行くの？

マコト：うん。ぼくの祖母がそこに住んでいるんだ。ぼくたちは彼女と一緒に動物園や博物館を訪れるつもりだ。一緒に買い物にも行くよ。

ヘレン：それはいいわね。ジョンはとても喜ぶでしょうね。

マコト：そうだといいな。それでね，ぼくは彼に美しい写真がたくさん載っている東京に関する本を送ったんだ。

ヘレン：すてきね。エミリーは美しい場所の写真を撮ることが好きだから，私もそんな本を彼女に送りたいわ。実は，彼女は写真を撮るためにたくさんの海外の国々に行ったことがあるのよ。

マコト：それはおもしろいね。ぼくも写真を撮ることが好きなんだ。だから彼女が他の国々で撮った写真をぼくも見てみたい。

ヘレン：わかった。そのことを彼女に話してみるわ。

マコト：ありがとう。

(1) 誰が来週マコトの家に来ますか？

(2) ヘレンは以前東京を訪れたことがありますか？

(3) エミリーは何をすることが好きですか？

〈スクリプト〉

1． Hello, everyone. Today, I'm going to talk about the differences between schools in Japan and schools in America.

First, I was surprised that most Japanese students wear school uniforms. In America, we don't usually have school uniforms, so we can choose what to wear. I like to choose my clothes every morning. I also enjoy talking about clothes with my friends.

Second, students in Japan have cleaning time and keep their schools clean. In America, we don't have such a time. I think cleaning time at school is a very good thing.

Third, summer vacation in Japan is shorter than in America. Summer vacation in Japan is for about five weeks, but we have a ten-week vacation in America. During the long vacation, we often join a summer camp. We do many activities such as playing sports or drawing pictures. We can make a lot of friends from different places in America.

We may have more differences, so let's find them together to understand each other better.

(1) What does Liam like to do every morning in America?

(2) What does Liam think about cleaning time at school?

(3) What does Liam say about summer vacation in America?

2．Maki ： Hi, David. Do you enjoy staying in Japan?

David ： Yes. But I don't think my Japanese is good.

Maki ： Your Japanese is getting better.

David ： Thank you.

Maki ： Do you have any Japanese classes?

David ： No. Ms. Yamada, my English teacher, told me to watch Japanese movies, so I tried that. But it was difficult for me to understand them. I want to try something new.

Maki ： How about reading Japanese comics?

David ： Comics?

Maki ： Read some Japanese comics and find your favorite one.

David ： That's interesting! I'll try. What else can I do to improve my Japanese?

Maki ： You should talk with your friends in Japanese. I'll help you.

David ： Thanks. I'll do that.

⑴ What did David think of the Japanese movies?

⑵ What did Maki tell David to do to improve his Japanese?

3． Helen ： Hi, Makoto. What will you do during the spring vacation?

Makoto ： My family will spend five days in Tokyo with my friend, John. He is a high school student from Sydney. I met him there.

Helen ： I see. Did you live in Sydney?

Makoto ： Yes. My father worked there when I was small. John's parents asked my father to take care of John in Japan. He will come to my house next week.

Helen ： Has he ever visited Japan?

Makoto ： No, he hasn't. I haven't seen him for a long time, but we often send e-mails to each other.

Helen ： How long will he stay in Japan?

Makoto ： For ten days. Have you ever been to Tokyo, Helen?

Helen ： No, but I'll visit there this May with my friend, Emily. Do you often go there?

Makoto ： Yes. My grandmother lives there. We will visit the zoo and the museum with her. We will also go shopping together.

Helen ： That sounds good. John will be very glad.

Makoto ： I hope so. Well, I sent him a book about Tokyo which has a lot of beautiful pictures.

Helen ： Cool. I also want to give a book like that to Emily because she likes taking pictures of beautiful places. Actually, she has been to many foreign countries to take pictures.

Makoto ： That's interesting. I like taking pictures, too. So I want to see the pictures she took in other countries.

Helen ： OK. I'll tell her about that.

Makoto ： Thank you.

⑴ Who will come to Makoto's house next week?

⑵ Has Helen visited Tokyo before?

⑶ What does Emily like to do?

§４． 実践問題① (56 ページ)

1．【答】ウ

◀全訳▶

俊 ：やあ，ナンシー。図書館へ行っているところだね？

エミリー：そうよ，俊。あなたは公園に行っているところなの？

2．【答】ア

◀全訳▶

正人 ：ケイト，君へのプレゼントだよ。

ケイト：まあ！　美しいわ。どうやってこれを使うの？

正人　：こんなふうに開くんだ。それは暑いときに使われるよ。

ケイト：なるほど。これは持ち運ぶのが簡単ね。ありがとう，正人。

3.【答】イ

◀全訳▶　こんにちは，みなさん。高校では何を一番したいと思っていますか？　私はこのクラスで40人の生徒にこの質問をしました。各生徒が一つ回答しました。その回答についてお話します。

　私は友達を作ることを一番したいと思っていて，このクラスの多くの生徒もそれをしたいと思っています。私はボランティア活動をすることに少し興味があります。しかし，それをしたいと思っている生徒は2人しかいません。知ってのとおり，この高校は運動部で有名です。部活動をすることは高校生活において大切で，10人を超える生徒がそれをしたいと思っています。たいていの生徒が一生懸命勉強したいと思っており，20人の生徒がそれを選びました。

　高校生活は将来に大きな影響を与えると思います。私たち自身の高校生活を楽しみましょう！　ありがとうございました。

4.【答】エ

◀全訳▶

ジム：由美，今日は数学の授業がある？

由美：ええ，ジム。2時間目が数学の授業で，テストがあるの。

ジム：えっ，本当？　昨日はその勉強をしたの？

由美：ええ。でも，私は数学が得意でないから緊張しているの。私は理科が一番好きだけれど，今日は理科の授業はないわ。

5.【答】⑴ イ　⑵ ウ

◀全訳▶　こんにちは，みなさん。エマ・ホワイトといいます。はじめまして。アメリカ出身です。

　私は2000年に日本を訪れました。当時は学生でした。私は東京に3日間，奈良に2日間滞在しました。私は街を散策して楽しみました。私はまた，古い寺院もいくつか訪れました。

　旅行の2日目に私が古い寺院の写真を撮っていたとき，老婦人が私に話しかけてきました。彼女はタナカさんという人でした。彼女は以前アメリカに住んでいて，英語を上手に話しました。彼女は私を自宅に招待してくれました。彼女と娘さんは私に和食を作ってくれました。その料理はおいしかったです。それは私にとってすばらしい体験でした。私は彼女たちと楽しく過ごしました。

　私は日本についてもっと知りたいと思ったので，アメリカに戻ってから日本語の勉強を始めました。英語教師としてここで働く機会を得ることができて，とてもうれしく思っています。

　私は1年間みなさんに英語を教えます。私たち全員にとってその1年をよくするために最善を尽くします。みなさんが私と一緒に英語を楽しんでくれるといいと思います。

質問1：ホワイト先生はどこに2日間滞在しましたか？

質問2：タナカさんと彼女の娘はホワイト先生のために何をしましたか？

6.【答】⑴ イ　⑵ エ

◀全訳▶

裕二：やあ，アン。何をしているの？

アン：オーストラリアにいる姉のエミリーからの手紙を読んでいるの。彼女は私を訪ねに日本へ来るのよ。

裕二：わあ，それはいいね。彼女はいつ来るの？

アン：今年の夏よ。彼女は日本に3週間滞在する予定なの。彼女は私と日本の有名な場所を訪れたいと思っているのよ。でも，どこへ行ったらいいかわからないわ。

裕二：京都はどう？　お姉さんはそこへ行ったことがあるかな？

アン：いいえ，ないわ。

裕二：京都には訪れるべき有名な場所がたくさんあるよ。エミリーは古い神社や寺院に興味はあるかな？

アン：ええ，あるわ。彼女は大学で１年間日本の歴史の勉強をしているの。

裕二：へえ，本当？　きっと彼女はとても楽しめると思うよ。

アン：それはいいわね。京都には美しい庭園があるのよね？　私は花が好きなの。

裕二：うん，あるよ。インターネットで京都に関する情報をたくさん入手することができるよ。

アン：試してみるわ。アドバイスをありがとう。彼女が日本に来たらあなたに紹介するわね。

裕二：それを楽しみにしているよ。

質問１：エミリーは日本にどのくらいの間滞在する予定ですか？

質問２：京都に関する情報を入手するために，アンはどうしますか？

〈スクリプト〉

1. Shun ： Hi, Nancy. You are going to the library, right?

   Nancy： Right, Shun. Are you going to the park?

2. Masato ： Kate, here is a present for you.

   Kate ： Wow! It's beautiful. How can I use this?

   Masato ： Open it like this. It is used when it's hot.

   Kate ： I see. This is easy to carry. Thank you, Masato.

3. Hello, everyone. What do you want to do the most in high school? I asked 40 students this question in this class. Each student gave me one answer. I'll tell about their answers.

   I want to get friends the most, and many students in this class also want to do it. I'm a little interested in doing volunteer work. But there are only two students who want to do it. You know, this high school is famous for its sports clubs. Doing club activities is important in high school life, and more than ten students want to do it. Most students want to study hard, and 20 students chose it.

   I think high school life has a big influence on the future. Let's enjoy our own high school life! Thank you.

4. Jim ： Do you have a math class today, Yumi?

   Yumi ： Yes, Jim. My second class is a math class, and I have a test.

   Jim ： Oh, really? Did you study for it yesterday?

   Yumi ： Yes. But I'm not good at math, and I am nervous. I like science the best, but I don't have a science class today.

5. Hello, everyone. I'm Emma White. Nice to meet you. I'm from America.

   I visited Japan in 2000. I was a student then. I stayed in Tokyo for three days and in Nara for two days. I enjoyed walking around the cities. I also visited some old temples.

   On the second day of the trip, an old woman talked to me when I was taking pictures of the old temple. Her name was Ms. Tanaka. She lived in America before, and she spoke English well. She invited me to her house. She and her daughter made Japanese dishes for me. The dishes were delicious. That was a wonderful experience to me. I had a good time with them.

   After going back to America, I started to study Japanese because I wanted to know more about Japan. I'm very happy to get a chance to work here as an English teacher.

   I'm going to teach you English for a year. I will do my best to make the year good for all of us.

I hope you will enjoy English with me.

Question 1 : Where did Ms. White stay for two days?

Question 2 : What did Ms. Tanaka and her daughter do for Ms. White?

6. Yuji : Hi, Ann. What are you doing?

Ann : I'm reading a letter from my sister Emily in Australia. She will come to Japan to visit me.

Yuji : Oh, that's nice. When will she come?

Ann : This summer. She is going to stay in Japan for three weeks. She wants to visit famous places in Japan with me. But I don't know where to go.

Yuji : How about Kyoto? Has your sister ever been there?

Ann : No, she hasn't.

Yuji : There are a lot of famous places to visit in Kyoto. Is Emily interested in old shrines and temples?

Ann : Yes, she is. She has learned Japanese history at university for a year.

Yuji : Oh, really? I'm sure she can enjoy a lot.

Ann : That sounds good. There are beautiful gardens in Kyoto, aren't there? I like flowers.

Yuji : Yes, there are. You can get a lot of information about Kyoto on the Internet.

Ann : I'll try. Thank you for your advice. I'll introduce her to you when she comes to Japan.

Yuji : I'm looking forward to it.

Question 1 : How long is Emily going to stay in Japan?

Question 2 : What will Ann do to get information about Kyoto?

§5. 実践問題② (58 ページ)

1.【答】ア

◀全訳▶

真美：ベン，見て。父はこれらのギターを集めているのよ。

ベン：真美，彼は何本のギターを持っているの？

2.【答】イ

◀全訳▶

ジューン：サム，この日本語の単語が何を意味するのか私に教えてくれる？

サム　　：ジューン，もし言葉の意味がわからなかったら，これを使ってよ。はい，どうぞ。

ジューン：ありがとう。今日，私のは家に置いてきたの。

3.【答】ア

◀全訳▶

京子：ジム，私は靴を1足と夕食のための食べ物を買いたいの。あなたはどう？

ジム：Tシャツと本を何冊か買いたいな。今から食べ物を手に入れて，それから服と靴を見に3階に行こう。

京子：買い物の終わりに食べ物を買いたいわ。

ジム：問題ないよ。

京子：本は2階で売られているわ。まずそこに行くほうがいいわね。それから，あなたのTシャツと私の靴を買いにいって，食べ物を買いに1階に降りてきましょう。

ジム：いいよ。

4.【答】ア

◀全訳▶　私の親友のナンシーが，夏休みの間に私を訪ねて日本に来ます。彼女は日本の生徒に会いたがっています。私は彼女のために歓迎パーティーを開くつもりで，あなたたちを招待したいと思います。この紙を見てください。8 月 12 日の 3 時に，市役所の会議室 A に来てください。何か飲むものを持ってきてください。あなたたちのうちのたくさんの人が彼女に会いに来てくれるといいなと思います。

5．【答】⑴ エ　⑵ ウ

◀全訳▶　ぼくは昨年の春，英語を勉強するためにアメリカに行きました。ぼくはアメリカ人の家族のところに 2 週間滞在しました。ニューヨークの空港に着いたとき，ブラウン夫人と彼女の息子のマイクがそこでぼくを待っていました。彼らはぼくの名前が書かれた大きなカードを持っていたので，ぼくは彼らを簡単に見つけることができました。家に着いたとき，ブラウンさんが出てきて，「私たちの家にようこそ！」と言いました。彼はぼくたちのために特別な昼食を作っていたので，空港に来なかったのです。それは大きなハンバーガーでした。それはとてもおいしかったので，ぼくは全部食べました。

　　マイクとぼくはすぐにいい友達になりました。彼が野球が大好きだと聞いて，とてもうれしく思いました。ぼくたちは一緒に野球博物館を訪れました。それはぼくの滞在で最もいい思い出でした。また彼らを訪ねることができればいいなと思います。

質問 1：健太はどれくらいの期間，ブラウン夫妻の家に滞在しましたか？

質問 2：健太の滞在で最もよい思い出は何でしたか？

6．【答】⑴ ウ　⑵ エ

◀全訳▶

店員：いらっしゃいませ。

男性：日本で作られたふろしきを探しています。

店員：たくさんの種類がありますよ。さまざまな色と大きさがあります。私についてきてください。

男性：ありがとう。ああ，たくさんの種類を売っているんですね。一つ選ぶのは難しい。

店員：それを何のために使われますか？

男性：スーパーマーケットに行ったとき，食べ物を家に持って帰るためです。

店員：それなら，大きなものを買うべきだと思いますよ。この黒いのはいかがでしょうか？

男性：とてもよく見えますが，私はもっと明るい色が好きなのです。

店員：わかりました。この赤いのはどうですか？　黒いものよりも大きく，ここで最も人気があります。

男性：これはすばらしい。これを買います。

店員：ふろしきの使い方を知っていますか？

男性：友達が本を 1 冊見せてくれて，それを買うつもりです。

店員：ここにもいくつか本があります。それらはたくさんの方法を示しています。今，それらをお見せしましょうか？

男性：お願いします。ふろしきはいくらですか？

店員：3,000 円です。私と一緒に来てください。本はあちらです。

質問 1：なぜ店員は男性に大きなふろしきを買うように言ったのですか？

質問 2：店員は男性に何を見せるつもりですか？

〈スクリプト〉

1．Mami：　Look, Ben. My father collects these guitars.

　　Ben　：　How many guitars does he have, Mami?

2．June：　Sam, can you tell me what this Japanese word means?

　　Sam　：　Use this if you don't know the meaning of a word, June. Here you are.

June： Thanks. I left mine at home today.

3. Kyoko： Jim, I want to buy a pair of shoes and some food for dinner. How about you?

　 Jim 　： A T-shirt and some books. Let's get food now and then go to the third floor to see the clothes and shoes.

　 Kyoko： I want to buy food at the end of the shopping.

　 Jim 　： No problem.

　 Kyoko： Books are sold on the second floor. It's better to go there first. Then, let's go and buy your T-shirt and my shoes, and come down to the first floor to buy food.

　 Jim 　： OK.

4. My best friend Nancy will come to Japan to visit me during the summer vacation. She wants to meet Japanese students. I'm going to hold a welcome party for her and want to invite you. Look at this paper. Please come to the meeting room A in City Hall at three o'clock on August 12. Please bring something to drink. I hope many of you will come to see her.

5. I went to the United States to study English last spring. I stayed with an American family for two weeks. When I arrived at the airport in New York, Mrs. Brown and her son Mike were waiting for me there. They had a big card with my name on it, so I could find them easily. When we got home, Mr. Brown came out and said, "Welcome to our home!" He didn't come to the airport because he was cooking a special lunch for us. It was a big hamburger. I ate it all because it was very delicious.

　 Mike and I soon became good friends. I was very happy to hear he likes baseball very much. We visited a baseball museum together. It was the best memory of my stay. I hope I can visit them again.

Question 1： How long did Kenta stay at Mr. and Mrs. Brown's house?

Question 2： What was the best memory of Kenta's stay?

6. Clerk： May I help you?

　 Man 　： Yes, please. I'm looking for a *furoshiki* made in Japan.

　 Clerk： We have many kinds. There are different colors and sizes. Follow me, please.

　 Man 　： Thank you. Oh, you sell so many *furoshiki*. It's difficult to choose one.

　 Clerk： What will you use it for?

　 Man 　： To carry foods home when I go to supermarkets.

　 Clerk： Then I think you should buy a big one. How about this black one?

　 Man 　： It looks very nice, but I like a brighter color.

　 Clerk： OK. How about this red one? It's bigger than the black one, and it's the most popular here.

　 Man 　： This is wonderful. I'll take it.

　 Clerk： Do you know how to use a *furoshiki*?

　 Man 　： A friend showed me a book, and I'm going to buy it.

　 Clerk： We have some books here, too. They show many ways. Shall I show you them now?

　 Man 　： Yes, please. How much is the *furoshiki*?

　 Clerk： It's three thousand yen. Come with me, please. The books are over there.

Question 1： Why did the clerk tell the man to buy a big *furoshiki*?

Question 2： What is the clerk going to show the man?

Chapter5 文法 解答・解説

§1. 不定詞① (60ページ)

1. (1)「アキコはそのパーティーに行きたかったのですが，行くことができませんでした」。want to ～＝「～したい」。名詞的用法の不定詞を使った表現。
   (2)「私は何か熱い飲み物がほしいです」。something を修飾する形容詞はその直後にくる。また，形容詞的用法の不定詞が後ろから something の内容を説明している。
   (3)「今朝，ケンは宿題をするために早く起きました」。「～するために」は副詞的用法の不定詞を使って表す。
   (4)「スズキ先生は私たちに今週は昼食を持ってくるように言いました」。「A に～するように言う」＝ tell A to ～。
   (5)「私に一緒に来てほしいですか，それともひとりで行きたいですか？」。「A に～してほしい」＝ want A to ～。
   (6)「私たちにとってもっと一生懸命に勉強することが必要です」。「A にとって～することは…だ」＝ It is … for A to ～。
   (7)「シンガポールであなたと再会することができて私はうれしいです」。「～してうれしい」＝ be glad to ～。
   【答】(1) ア (2) ウ (3) ウ (4) ア (5) イ (6) イ (7) エ

2. (1)「～するチャンスがある」＝ have a chance to ～。形容詞的用法の不定詞を用いる。
   (2) 副詞的用法の不定詞を用いる。「～の世話をする」＝ take care of ～。
   (3)「A が～するのは…だ」＝ It is … for A to ～。
   (4)「～して驚く」＝ be surprised to ～。
   【答】(1) you'll have a chance to become (2) got up early to take care of his birds
   (3) Is it difficult for you to swim (4) I was surprised to hear the news

§2. 不定詞② (61ページ)

1. (1)「私は次の夏に行くべき場所を決めました。私は海で泳ぐために沖縄に行く予定です」。「どこに行くべきか，行くべき場所」＝ where to go。
   (2)「エミはどちらの道に行くべきか思い出せませんでした」。〈疑問詞＋不定詞〉が動詞の目的語となる。ここでは which の後ろに名詞を伴い「どちらの～」という意味。
   (3)「このソファは私にとって重すぎて動かすことができません」。「A にとって～すぎて…できない」＝ too ～ for A to …。
   (4)「そのお茶は彼女にとって熱すぎて飲むことができませんでした」。
   (5)「彼のお父さんは夜9時以降は彼にテレビを見させないでしょう」。「A に～させる」＝〈let ＋ A ＋原形不定詞〉。
   (6)「兄は私が部屋の掃除をするのを手伝いました」。「A が～するのを手伝う」＝〈help ＋ A ＋原形不定詞〉。help A to ～でも可。
   (7)「私たちはどこで歌の練習をする予定なのか知っていますか？」という質問に対する返答。「先生に聞いてあとであなたに知らせます」という意味。「あなたに知らせる」＝ let you know。
   【答】(1) ア (2) イ (3) ウ (4) エ (5) エ (6) ウ (7) イ

２．(1)「〜の使い方」= how to use 〜。

(2)「どちらの〜を…すればいいか」= which 〜 to …。

(3)「A には〜すぎて…できない」= too 〜 for A to …。

(4)「A に〜させる」=〈let ＋ A ＋原形不定詞〉。「A に B について話す」= tell A about B。

(5)「A が〜するのに役立つ」=〈help ＋ A ＋原形不定詞〉。

【答】(1) He showed me how to use this computer　(2) know which movie to watch

(3) is too difficult for me to solve　(4) Let me tell you about my

(5) This book will help you understand Japanese culture

§３．関係代名詞 (62 ページ)

１．(1)「これは日本で人気のあるカメラです」。直前に物を表す a camera，直後に is があるので主格の関係代名詞 which が適切。

(2)「私にはスペイン語を話すことができる友達がいます」。直前に人を表す a friend，直後に can speak があるので主格の関係代名詞 who が適切。

(3)「私はあの家に住んでいる男の子を知っています」。先行詞 a boy のあとに主格の関係代名詞 who を続ける。

(4)「これは 7 年前に建てられた家です」。the house は物を表すので主格の関係代名詞は which を用いる。また，先行詞が単数形なので be 動詞は was になる。

(5)「これは先週父が私にくれた時計です」。直前に物を表す the watch，直後に〈主語＋動詞〉が続くので目的格の関係代名詞 which が適切。

(6)「昨日私が話しかけたその男性は山田さんでした」。「私が話しかけた男性」= the man I spoke to。man の後ろに目的格の関係代名詞 that（または whom）が省略されている。

(7)「これは先週，彼女が私に送ってくれた写真です」。先行詞 the picture のあとに目的格の関係代名詞 which を置き，〈主語＋動詞〉を続ける。

【答】(1) エ　(2) ア　(3) イ　(4) ウ　(5) ウ　(6) ア　(7) ウ

２．(1) 主格の関係代名詞 who 以下が the boy を後ろから修飾する。

(2) 主格の関係代名詞 which 以下が the song を後ろから修飾する。

(3)「彼がパーティーで出会った女性」は the lady that he met at the party となるが，この that は目的格の関係代名詞なので，省略可。

(4) 目的格の関係代名詞を用いた文。「私が訪れた美術館」= the museum which I visited。

(5) 目的格の関係代名詞を用いた文。

【答】(1) I know the boy who is playing the guitar　(2) We sang the song which was popular last year

(3) The lady he met at the party was a famous pianist　(4) which I visited is near the sea

(5) Have you read the e-mail which I sent to you

§４．受動態 (63 ページ)

１．(1)「そのケーキは私の姉によって食べられました」。受動態〈be 動詞＋過去分詞〉の文。eat の過去分詞は eaten。

(2)「これらの本はハヤシ先生の授業で使われたのですか？」。受動態の疑問文は〈be 動詞＋主語＋過去分詞〉の語順になる。主語が複数形なので，be 動詞は Were を用いる。

(3)「ベスは昨日，ゲームをすることにとても興奮しました」。「～に興奮する」= be excited at ～。

(4)「この本は英語で書かれているので読むのが難しいです」。「書かれている」は受動態で表す。「～語で」= in ～。

(5)「彼の名前は多くの人々に知られています」。「～に知られている」= be known to ～。

(6)「そのテーブルは木で作られています」。「～で作られている」と材料を表すときは be made of ～を用いる。「～から作られている」と原料を表すときは，be made from ～を用いる。

(7)「富士山はあなたの教室から見られますか？」。助動詞を含む受動態の疑問文。〈助動詞＋主語＋ be ＋過去分詞〉の語順になる。

(8)「これは 1980 年に建てられた学校です」。主格の関係代名詞 which 以下が a school を後ろから修飾する。which のあとの動詞は「建てられた」なので受動態になる。

【答】(1) エ　(2) イ　(3) ウ　(4) ウ　(5) エ　(6) イ　(7) ウ　(8) ウ

2．(1)「たくさんの外国の雑誌」= a lot of foreign magazines。sell（売る）の過去分詞は sold。

(2)「～は何と呼ばれていますか？」= What is ～ called?。

(3)「～で覆われている」= be covered with ～。「一年中」= all the year。

(4) 助動詞を含む受動態の文。「～されなければならない」=〈must be ＋過去分詞〉。

(5)「彼が書いた本」= The book he wrote。book のあとには目的格の関係代名詞が省略されている。read（読む）の過去分詞は read。

【答】(1) of foreign magazines are sold at　(2) What is this flower called in English

(3) is covered with snow all the　(4) room must be cleaned soon

(5) The book he wrote is read by many people

§5．助動詞 (64 ページ)

1．(1)「彼は宿題を終えなければなりません」。助動詞の後には動詞の原形がくる。

(2)「窓を開けてもらえませんか？」。「～してもらえませんか？」= Could you ～?。

(3)「次の週末，一緒に映画に行きませんか？」。相手を誘ったり，何かを提案したりするときは，Shall we ～?を使う。

(4)「ケンジはスペイン語を話すことができます」。「～することができる」は can 以外に be able to ～でも表すことができる。

(5)「このコンピューターを使わなければなりませんか？」―「いいえ，その必要はありません」。「～する必要はない」= don't have to ～。

(6) あとで「あなたが昨日私に見せてくれた本を借りたい」と言っているので，「お願いをしてもいいですか？」が適切。「～してもいいですか？」= May I ～?。「～にお願いをする」= ask ～ a favor。

【答】(1) ア　(2) イ　(3) エ　(4) ウ　(5) ウ　(6) イ

2．(1)「～します」は will を使って表す。「A に B をあげる」= give A B。

(2)「～をいただけませんか？」= May I have ～?。「もう一切れの～」= another piece of ～。

(3)「～したい」= would like to ～。

(4)「～しなければならない」= have to ～。「～になるためには」= to be ～。

(5)「～してもらえますか？」= Could you ～?。「何を食べるべきか」= what to eat。

【答】(1) will give my mother some flowers for her birthday　(2) May I have another piece of

(3) I would like to buy that CD　(4) have to study hard to be a great doctor

(5) Could you tell me what to eat

§6. 現在完了 (65 ページ)

1. (1)「私の兄は 2 年間東京に住んでいます」。現在完了〈have/has ＋過去分詞〉の文。「～間」＝ for ～。

(2)「私の祖父は大阪に住んでいて，私は 2 か月間ずっと彼に会っていません」。for two months と期間を表す語句があるので，継続を表す現在完了の文。否定文は〈have ＋ not ＋過去分詞〉の語順になる。

(3)「私は今朝 10 時からこの本をずっと読んでいます」。「ずっと～している」を表す現在完了進行形〈have ＋ been ＋～ing〉の文。「～以来」＝ since ～。

(4)「あなたは今までに彼女に会ったことがありますか？」。経験を表す現在完了の疑問文。〈Have ＋主語＋過去分詞〉の語順になる。see の過去分詞は seen。

(5)「私はイングランドに 3 回行ったことがあります」。「～に行ったことがある」＝ have been to ～。

(6)「あなたは今までにこの映画を見たことがありますか？　私はそれがとても好きです」。「今までに」＝ ever。

(7)「ケンとユミは 10 年間ずっとお互いを知っています」。継続を表す現在完了の文。主語が複数であることに注意。

(8)「ケンタとニックは，私がここに着いたときからずっとテニスをしています」。現在完了進行形の文。

【答】(1) エ　(2) エ　(3) エ　(4) ウ　(5) イ　(6) イ　(7) ア　(8) エ

2. (1) 継続を表す現在完了の文。

(2)「何回」＝ how many times。

(3)「一度も～したことがない」＝〈have ＋ never ＋過去分詞〉。「そのような～」＝ such ～。

(4)「～したところだ」と完了を表す現在完了の文。「～に到着する」＝ arrive at ～。

(5) 現在完了進行形の疑問文〈Have ＋主語＋ been ＋～ing〉。「～を待つ」＝ wait for ～。

【答】(1) I have studied English for three years　(2) How many times have you watched this movie
(3) have never seen such a big fish　(4) has just arrived at Kobe Airport
(5) Have you been waiting for them

§7. いろいろな疑問文 (66 ページ)

1. (1)「向こうにいる女の子は誰ですか？」。「誰」＝ who。

(2)「今朝は雨が激しく降っていました。あなたはどのようにして学校に来ましたか？」。「どのように」＝ how。

(3)「あなたの学校には何人の生徒がいますか？」。数をたずねる疑問詞は〈how many ＋複数名詞〉。

(4)「あなたは 1 日にどのくらい緑茶を飲みますか？」。「どのくらい(の頻度で)」＝ how often。

(5)「あなたはこれが誰のラケットか知っていますか？」「これは誰のラケットか」は間接疑問〈疑問詞＋主語＋動詞〉を使い，whose racket this is とする。

(6)「私は彼が何をしたか理解できません」。間接疑問の文。「彼が何をしたか」＝ what he did。

(7)「私は医者になって多くの人を助けたいです。あなたはどうですか？」—「私は将来何がしたいのか決めていません」。間接疑問の文。「将来何がしたいのか」＝ what I want to do in the future。

【答】(1) ア　(2) イ　(3) ア　(4) ア　(5) ア　(6) ア　(7) イ

2. (1)「天気はどうなるでしょうか？」＝ How will the weather be?。

(2)「何時」＝ what time。usually は原則，主語と動詞の間におく。

(3) 間接疑問の文。「なぜ彼女がそこにいるのか」＝ why she is there。

(4) 間接疑問の文。「何回」＝ how many times。「～に行ったことがある」＝ have been to ～。

(5)「A に B を教える」＝ tell A B。「何が彼女をそんなに悲しませたのか」は間接疑問を使い，what made her so sad とする。「A を B にする」＝ make A B。

【答】 (1) How will the weather be in Nara　(2) What time do you usually get home

　　(3) why she is there　(4) how many times she has been to　(5) Tell me what made her so sad

§8. 分　詞 (67ページ)

1. (1)「眠っている犬にさわってはいけません」。「～している」は現在分詞を用いて表す。「眠っている犬」= the sleeping dog。

　　(2)「週末には公園中で遊んでいるたくさんの犬がいます」。現在分詞の後置修飾。「公園中で遊んでいるたくさんの犬」= many dogs playing all over the park。

　　(3)「ベッドの上で寝ている赤ん坊は兄の息子です」。現在分詞の後置修飾。sleeping on the bed が後ろから the baby を修飾する。

　　(4)「割れた窓に気をつけなさい」。「～された」は過去分詞を用いて表す。「割れた（割られた）窓」= the broken window。

　　(5)「これは私の母によって作られたケーキです」。過去分詞の後置修飾。「私の母によって作られたケーキ」= the cake made by my mother。

　　(6)「私はポチと呼ばれている犬を飼っています」。「A と呼ばれている B」= B called A。called は過去分詞。

　　【答】(1) ウ　(2) ウ　(3) ウ　(4) ア　(5) イ　(6) ウ

2. (1) 現在分詞の後置修飾。standing 以下が that girl を後ろから修飾する。「～の前に」= in front of ～。

　　(2)「雪が積もった山」は「雪で覆われた山」と考え，過去分詞の後置修飾で表す。「～で覆われた」= covered with ～。

　　(3) 現在分詞の後置修飾。walking with her dog が後ろから The woman を修飾する。

　　(4)「A に B を買う」= buy A B。「～製の」は「～で作られた」と考え，made in ～とする。

　　【答】(1) is that girl standing in front of the door

　　(2) The mountain covered with snow was very beautiful

　　(3) The woman walking with her dog is our English

　　(4) bought her father a camera made in Japan for his

§9. 文　型 (68ページ)

1. (1)「私が前の日曜日に公園に行ったとき，そこには１人も子どもたちがいませんでした」。主語 any children は複数。文前半の動詞 went から過去の文なので，動詞は weren't になる。

　　(2)「駅の近くの新しい図書館はすてきに見えます」。「～に見える」=〈look ＋形容詞〉。

　　(3)「それは私たちを幸せにします」。「A を B にする」= make A B。A は make の目的語なので，代名詞は目的格にする。

　　(4)「私の父が私にそれを買ってくれました」。「A に B を買う」は buy A B，もしくは buy B for A で表す。

　　(5)「アヤは私を喜ばせるために，私にプレゼントをくれました」。「A に B をあげる」は give A B，または give B to A で表す。

　　(6)「部屋をきれいなままにしておいてください」。「A を B のままにする」= keep A B。

　　(7)「私たちはこの果物を英語で『apple』と呼びます」。「A を B と呼ぶ」= call A B。

　　(8)「大阪から東京まで新幹線で２時間半かかる」。「(時間が)かかる」= It takes ～。

　　【答】(1) エ　(2) ア　(3) イ　(4) ア　(5) エ　(6) ウ　(7) イ　(8) ウ

2. (1)「～がありますか？」= Are there ～?。

(2)「〜に思われる」= sound 〜。「奇妙な」= strange。

(3)「AにBを見せる」= show A B。「〜の写真」= the picture of 〜。

(4)「このバスはあなたを私たちの学校へ連れていく」と考える。「〜を…へ連れていく」= take 〜 to …。

(5)「どのくらい(の時間が)かかりますか？」= How long does it take?。

【答】(1) Are there any American books in this library　(2) That story sounds strange to me

(3) I'll show you the pictures of my school trip　(4) bus will take you to our

(5) How long does it take from here to

§10. 仮定法 (69 ページ)

1. (1)「もし私が鳥なら，あなたのところに飛んでいけるのに」。現在の事実とは異なることは，仮定法〈If＋主語＋動詞の過去形，主語＋助動詞の過去形＋動詞の原形〉で表す。if 節の be 動詞には were が好まれる。

(2)「私が彼女の住所を知っていたら，彼女に手紙を送ることができるのに」。「もし私が〜だったら，…できるのに」=〈If＋I＋動詞の過去形，I＋could＋動詞の原形〉。

(3)「もしたくさんお金があったら，私はその街で大きな家を買うでしょう」。「もし私が〜だったら，…するだろう」=〈If＋I＋動詞の過去形，I＋would＋動詞の原形〉。

(4)「友達と遊ぶ時間がもっとあればなあ」。現在の事実とは異なる願望を表す仮定法の文。「〜ならなあ」=〈I wish＋主語＋動詞の過去形〉。have time to 〜 =「〜するための時間がある」。

(5)「あなたと一緒に行くことができたらいいのに」。I wish に続く(助)動詞は過去形になる。

(6)「もし過去に戻ることができるなら，あなたは何をしますか？」。仮定法の文。if のあとの動詞は過去形となるが，あとに動詞の原形 go が続いているので can の過去形の could が入る。

【答】(1) イ　(2) イ　(3) ウ　(4) ウ　(5) エ　(6) ア

2. (1) 仮定法〈If＋主語＋動詞の過去形，主語＋助動詞の過去形＋動詞の原形〉を用いる。

(2) 仮定法の文。If のあとの I に対する be 動詞が were になることに注意。

(3)「(私が)〜できたらいいのに」= I wish I could 〜。

(4)「〜ならなあ，〜ならいいのに」=〈I wish＋主語＋動詞の過去形〉。

(5)「何も予定がない」は「すべきことが何もない」と考え，have nothing to do とする。

【答】(1) If there were a beach near my house　(2) were you, I would practice hard

(3) wish I could speak English well　(4) wish I had a new computer　(5) I wish I had nothing to do

§11. 動名詞 (70 ページ)

1. (1)「病気の人を助けることが彼の仕事です」。「助けること」と主語になることができるのは動名詞。

(2)「ユウコは彼女のクラスメイトと歌うことを楽しみました」。enjoy 〜ing =「〜することを楽しむ」。「〜すること」は名詞的用法の不定詞でも表せるが，enjoy はあとに不定詞を置くことができない。

(3)「雨がやんだので私は買いものに行きました」。stop 〜ing =「〜することをやめる」。

(4)「私のパーティーにきてくれてありがとう」。Thank you for 〜ing. =「〜してくれてありがとう」。for のような前置詞のあとの動詞は動名詞にする。

(5)「母に会うために私の家に来るのはどうですか？」。「〜するのはどうですか？」= How about 〜ing?。

(6)「私たちはたくさんの人と話すことによって新しい考えを得ることができます」。「〜することによって」= by 〜ing。

(7)「イチロウはさよならを言わずに去りました」。without 〜ing =「〜せずに」。

(8)「これは冬に着るのにちょうどいいです」。「～するのに，～するために」= for ～ing。

【答】(1) エ　(2) ウ　(3) ウ　(4) エ　(5) ウ　(6) ア　(7) エ　(8) エ

2．(1)「英語を学ぶこと」= learning English。

(2)「私は～だと思う」= I think ～。「バスケットボールをすること」= playing basketball。

(3)「～しなさい」の文なので，命令文にする。「～する前に」= before ～ing。

(4)「～してはいけない」= must not ～。「～することを恐れる」= be afraid of ～ing。「間違いをする」= make mistakes。

【答】(1) Why is learning English important　(2) think playing basketball is more difficult than

(3) Finish your homework before watching　(4) must not be afraid of making

§12. 比　較 (71 ページ)

1．(1)「このグループは日本のあのグループよりも人気があります」。than があるので比較級が必要。

(2)「オーストラリアでは，1月は8月よりも暑いです」。「～よりも暑い」= hotter than ～。

(3)「あなたはネコとイヌのどちらがより好きですか？」。「AとBのどちらが～ですか？」= Which ～, A or B?。

(4)「この花はその庭で一番美しいです」。直前に the，直後に範囲を表す in があるので，最上級が必要。

(5)「トムは3人の中で一番背が高いです」。最上級の文で「3人」などの複数名詞が後ろにくる場合，「～の中で」を表すには of を使う。

(6)「東京は日本で最も有名な都市です」。最上級の文で場所を表すことばが後ろにくる場合，「～の中で」を表すには in を使う。

(7)「ジョンはスティーブと同じくらい背が高い」。「～と同じくらい…」= as … as ～。…には形容詞・副詞の原級がくる。

(8)「私は全ての季節の中で春が最も好きです」。「～が最も好き」= like ～ the best。

【答】(1) ウ　(2) イ　(3) イ　(4) ア　(5) エ　(6) ア　(7) ア　(8) エ

2．(1)「より使いやすい」は「より便利な」と考える。「～より便利な」= more useful than ～。「あのペン」は pen の代わりに代名詞の one を用い，that one となる。

(2) 最上級を用いる。「一番寒い」= the coldest。「すべての～の中で」= of all the ～。

(3)「この電車が私たちをこの国で一番有名な湖へ連れて行く」と考える。「～を…に連れて行く」= take ～ to …。「一番有名な」= the most famous。

(4)「～ほど…でない」= not as … as ～。

【答】(1) more useful than that one　(2) February is the coldest of all the

(3) This train takes us to the most famous lake　(4) is not as big as that one